LA
TENUE DES LIVRES

TELLE QU'ON LA PRATIQUE RÉELLEMENT

DANS LE COMMERCE ET DANS LA BANQUE,

ou

COURS COMPLET DE COMPTABILITÉ COMMERCIALE

Essentiellement pratique et méthodique, et exempt de toute innovation dangereuse,

A L'USAGE DES ÉCOLES

ET DE TOUS CEUX QUI VEULENT BIEN CONNAITRE CETTE SCIENCE.

OUVRAGE EMPLOYÉ DANS LES COLLÉGES ET DANS LES ÉCOLES SUPÉRIEURES DE LA VILLE DE PARIS ET DES PRINCIPALES VILLES DE FRANCE COMME LA MEILLEURE MÉTHODE DE TENUE DES LIVRES QUI AIT PARU JUSQU'A CE JOUR.

PAR

HIPPOLYTE VANNIER,

Professeur de Comptabilité au Lycée Charlemagne et à l'École Supérieure du Commerce, et Auteur d'Ouvrages didactiques adoptés par l'Université.

MÉTHODE

RENFERMANT UNE COMPTABILITÉ DE 80 ARTICLES VARIÉS.

5e TIRAGE.

PARIS,

CHEZ L'AUTEUR, RUE PAVÉE-AU-MARAIS, 24;
CHEZ LANGLOIS ET LECLERCQ; L. HACHETTE ET Cie;
DEZOBRY, E. MAGDELAINE ET Cie;
GUILLAUMIN ET Cie; Ve MAIRE-NYON;
et chez tous les Libraires.

1856

LA

TENUE DES LIVRES.

$$\left(\text{C.}\right)$$

Paris. — Typ. Morris et Comp., rue Amelot, 64.

LA

TENUE DES LIVRES

TELLE QU'ON LA PRATIQUE RÉELLEMENT

DANS LE COMMERCE ET DANS LA BANQUE,

OU

COURS COMPLET DE COMPTABILITÉ COMMERCIALE

Essentiellement pratique et méthodique, et exempt de toute
innovation dangereuse,

A L'USAGE DES ÉCOLES

ET DE TOUS CEUX QUI VEULENT BIEN CONNAITRE CETTE SCIENCE.

 OUVRAGE EMPLOYÉ DANS LES COLLÉGES ET DANS LES ÉCOLES
SUPÉRIEURES DE LA VILLE DE PARIS ET DES PRINCIPALES
VILLES DE FRANCE COMME LA MEILLEURE MÉTHODE
DE TENUE DES LIVRES QUI AIT PARU
JUSQU'A CE JOUR.

PAR

HIPPOLYTE VANNIER,

Professeur de Comptabilité au Lycée Charlemagne et à l'École Supérieure du Commerce, et Auteur d'Ouvrages didactiques adoptés par l'Université.

MÉTHODE

RENFERMANT UNE COMPTABILITÉ DE 80 ARTICLES VARIÉS.

5e TIRAGE.

PARIS,

CHEZ L'AUTEUR, RUE PAVÉE-AU-MARAIS, 24;
CHEZ LANGLOIS ET LECLERCQ; L. HACHETTE ET Cie;
DEZOBRY, E. MAGDELAINE ET Cie;
GUILLAUMIN ET Cie; Ve MAIRE-NYON;
et chez tous les Libraires.

1856

Nous sommes heureux de pouvoir publier ici la lettre trop flatteuse sans doute que M. Regnier aîné a bien voulu nous écrire. Un pareil témoignage nous est infiniment précieux, et ne peut manquer d'exercer une grande influence sur l'esprit de MM. les Professeurs.

Ecole supérieure de la Ville de Paris.

A M. HIPPOLYTE VANNIER,
Professeur de Comptabilité, à Paris.

Paris, le 12 mai 1844.

MONSIEUR,

J'ai lu avec beaucoup d'intérêt le manuscrit de votre ouvrage sur la Tenue des Livres; j'y ai trouvé ce que j'avais vainement cherché dans les autres Traités de Tenue des Livres, une méthode claire et on ne peut plus facile à suivre, des principes bien posés, des conséquences bien déduites, et pardessus tout des exercices usuels. Un pareil livre manquait à l'enseignement, et ne pouvait être entrepris que par un homme riche d'expérience, initié comme vous l'êtes à tout ce qui se fait dans le commerce, et habitué à parler à toutes les intelligences.

Je crois donc votre ouvrage destiné à être d'une grande utilité, et je ne saurais mieux vous exprimer le cas que j'en fais qu'en vous annonçant que je vais, dès la semaine prochaine, le mettre en pratique à l'Ecole Supérieure de la Ville de Paris, *comme la meilleure Méthode de Tenue des Livres qui ait paru jusqu'à ce jour.*

Agréez, Monsieur, l'assurance de ma considération la plus distinguée.

REGNIER AÎNÉ,

Professeur de Tenue des Livres à l'École Supérieure
de la Ville de Paris.

PRÉFACE.

Ceux qui prendront cet ouvrage par le commencement, et le liront attentivement jusqu'à la fin, le comprendront sans effort, et se trouveront à même de monter et de suivre toute espèce de comptabilité commerciale. Nous n'avons eu en vue que de faire un ouvrage pratique ; nous n'avons rien inventé, rien changé des habitudes des bonnes maisons où nous avons puisé nos connaissances. Nous avons étudié la Tenue des Livres dans la Banque et dans le commerce ; nous l'avons pratiquée, nous l'avons fait pratiquer à d'autres, et, depuis douze ans que nous l'enseignons dans nos cours publics et dans nos cours particuliers, nous avons eu tous les jours l'occasion de nous convaincre que les innovations qu'on nous soumettait n'étaient que des rêves de théoriciens, dont le praticien n'était jamais longtemps la dupe. Ainsi le lecteur chercherait vainement dans cet ouvrage un Journal-Grand-Livre-Balance, un Journal en Partie Mixte, un Facturier, un Magasinier, ou bien encore quelque chose de géométrique, de chimique ou de physique, qui n'existe nulle part que dans l'imagination des théoriciens novateurs ou inventifs ; il n'y trouvera rien autre chose qu'une tenue des livres en partie double, telle qu'elle existe dans le commerce, telle qu'il a besoin de la savoir pour la pratiquer à son tour.

La disposition de cet ouvrage est toute nouvelle : les volumes qui suivent celui-ci sont en deux parties ; la première, que nous appelons partie de l'élève, ne renferme que la main courante ou les éléments d'une comptabilité ; la seconde, que nous appelons partie du maître, contient les raisonnements qu'il faut faire pour passer chaque article, et de plus, la comptabilité toute montée. Cette disposition en rend l'application beaucoup plus facile dans les écoles et plus profitable à ceux qui étudient sans maître.

Nous regrettons profondément d'avoir été à chaque instant dans la nécessité de relever les erreurs dans lesquelles sont tombés ceux qui ont écrit avant nous des méthodes de tenue des livres. Nous ne l'avons point fait par le désir de critiquer, encore moins pour improuver leurs généreux efforts ; nous n'avons eu qu'un but, celui de jeter un nouveau jour sur cette science, beaucoup mieux comprise dans les maisons bien tenues que dans les méthodes. Notre première pensée avait été de passer sous silence les fautes des autres, persuadé que les bons principes finiraient par prévaloir ; mais en réfléchissant aux graves conséquences qui peuvent surgir des mauvais principes de tenue des livres, en pensant qu'un malheureux teneur de livres, qui, sur la foi des méthodes, porterait au compte de Frais Généraux ou au compte de Profits et Pertes le Loyer Payé par Avance, ou ferait d'autres articles également faux, dans une comptabilité d'actionnaires, par exemple, s'exposerait à une peine sévère, infamante peut-être, s'il était convaincu de l'avoir fait avec intention ou de connivence, nous n'avons plus hésité à signaler les mauvais préceptes.

Nous n'avons pas consacré un chapitre à la définition des expressions employées dans la tenue des livres, telles que *débit, crédit, doit, avoir, débiter, créditer,* etc. La valeur de ces mots est si bien indiquée dans les dictionnaires que nous n'aurions pas manqué de l'y prendre, et de répéter inutilement ce que d'autres ont dit. Toutefois, nous ferons remarquer à ceux qui ne l'ont pas compris que les mots DOIT et AVOIR, placés à gauche et à droite des comptes, sont des substantifs, et que c'est à tort que beaucoup d'autres écrivent, en tête des comptes de leur grand livre, *Doit* devant un mot singulier et *Doivent* devant un mot pluriel, comme si le mot *Doit* avait conservé sa fonction de verbe : Doit est, dans ce cas, synonyme de Débit, et Avoir synonyme de Crédit.

Jusqu'ici les auteurs de méthodes de tenue de livres ne s'étaient point occupés de la rédaction du journal, et ils usaient si largement eux-mêmes de la latitude qu'ils laissaient aux autres, qu'on aurait pu croire que c'était une chose purement arbitraire. Nous, qui savons quels avantages résultent d'un bon arrangement des articles du journal, nous n'avons eu garde de négliger ce point important, et, toujours fidèles à la loi que nous nous sommes imposée de ne point innover, nous avons donné la rédaction qui nous a paru la meilleure, la plus généralement adoptée et la plus propre à être soumise à des règles.

Un grand encouragement pour nous, c'est que notre plan a eu l'approbation de toutes les personnes à qui nous l'avons soumis ; toutes ont bien voulu applaudir à la marche méthodique des exercices et à la gradation des difficultés. Si l'on jette un coup d'œil sur notre Main Courante, on comprendra bien vite qu'il est facile de nous suivre dans la voie que nous prenons pour enseigner la tenue des livres. Dans le 1er *article*, nous nous occupons de la *composition du capital :* dans le 2e, d'un *achat de mobilier ;* dans le 3e, d'un *achat de marchandises au comptant* ; dans le 4e, d'un *achat de marchandises réglé en un effet à payer ;* dans le 5e, d'un *achat de marchandises à crédit ;* dans le 6e, d'une *vente de marchandises au comptant ;* dans le 7e, d'une *vente de marchandises réglée en un effet à recevoir ;* dans le 8e, d'une *vente de marchandises à crédit ;* dans le 9e, d'un *payement en espèces ;* dans le 10e, d'une *recette en espèces ;* dans le 11e, de *frais de commerce ;* dans le 12e, de *dépenses de ménage ;* dans le 13e, d'une *perte*, etc. : tous nos articles sont ainsi classés et variés.

Les exemples qu'on trouve dans les autres méthodes, outre qu'ils ne sont ni classés méthodiquement, ni gradués avec soin, ni suffisamment variés, ont le grand inconvénient de n'être point usuels. N'est-il pas au moins extraordinaire que les méthodes de tenue de livres s'appliquent à nous parler de ce qui ne se fait pas dans le commerce, et soient très-avares d'exemples utiles ? Celui-ci vous dira qu'il faut passer au débit du compte de Mobilier les sommes considérables que vous aurez employées pour renouveler le riche ameublement de votre salon ; celui-là, qu'il faudra mettre au crédit du compte de Profits et Pertes les 15 ou 20,000 fr. que vous gagnerez au jeu ou à la loterie ; un autre vous conseillera un modèle d'acte de société et vous donnera une foule de renseignements étrangers à la tenue des livres ; en revanche, tous négligeront de vous dire un mot des articles qui se présenteront tous les jours dans la pratique, même des retours de marchandises, des retours d'effets, etc. Nous sommes loin de penser qu'on doive débiter le compte de Mobilier du prix de l'ameublement d'un salon, ou créditer Profits et Pertes de l'argent qu'on gagne au jeu ; mais nous sommes encore plus surpris de l'étrangeté des exemples que de la fausseté des articles ; car si nous avions à nous occuper ici des erreurs qui se sont glissées dans les méthodes de tenue des livres, nous dirions, entre autres choses, que nous y avons trouvé bon nombre d'articles qui semblent être la conséquence d'un principe qu'on aurait posé de cette manière : *plus on fait mettre de pièces à une redingote, plus elle coûte, et par conséquent plus elle vaut.* Dans la dernière partie de cet ouvrage nous expliquerons ce que nous ne faisons qu'indiquer ici.

Loin de nous laisser entraîner dans de semblables écarts, nous nous sommes attaché au contraire à ne donner que des exemples pratiques. Nos exercices ne nous ont coûté aucun effort d'imagination ; nous n'avons eu qu'à disposer en bon ordre les différents cas qui nous ont passé sous les yeux depuis vingt ans que nous nous occupons de comptabilité commerciale.

L'étude de la tenue des livres est devenue, à l'époque où nous vivons, une des principales branches de l'enseignement ; mais comme les opérations commerciales sont rarement familières aux professeurs, qui s'occupent plus particulièrement des lettres et des arts que du trafic, il fallait aux collèges et aux institutions une méthode où les maîtres pussent puiser des notions spéciales et précises : tel est le livre que nous avons voulu faire. Puissent nos faibles connaissances apporter quelque lumière dans l'enseignement de la tenue des livres ! Puisse notre méthode rendre la tâche plus facile aux professeurs et aux élèves ! C'est la plus belle récompense que nous ambitionnons en composant nos modestes ouvrages.

Paris, le 1er juin 1844.

TABLE DES MATIÈRES.

ABRÉVIATIONS.

Art.	Article.	Esc^{te}.	Escompte.	N/.	Nous, notre, nos.
B^{et}.	Billet.	Fr.	Francs.	Ord/, o/.	Ordre.
Barr.	Barrique.	F^{re}.	Facture.	P.	Pièces.
B. P. F.	Bon pour francs.	Gl^{es}.	Générales.	P. % 0.	Pour cent.
Cie.	Compagnie.	J^{ne}.	Jeune.	S/.	Son, sa, ses, sur.
Ch^{ge}.	Change.	L/.	Leur.	S/s.	Sur Saône, sur
Cte.	Compte.	March^{es}, M^{ses}, M^{es}.	Marchandises.		Seine.
C^o_t.	Courant.	Mand/.	Mandat.	T^{te}.	Traite.
Com^{on}.	Commission.	M/.	Mon, ma, mes, mètres.	V/.	Vous, votre, vos.
Eff.	Effets.			Val/.	Valeur.
Ens.	Ensemble.				

LA
TENUE DES LIVRES

TELLE QU'ON LA PRATIQUE RÉELLEMENT DANS LE COMMERCE
ET DANS LA BANQUE.

NOTIONS PRÉLIMINAIRES.

Prescriptions de la Loi relatives aux Livres de Commerce.

La loi, pour obvier à la fraude, exige du commerçant la tenue de certains livres. Le code de commerce s'exprime ainsi :

Art. 8. « Tout commerçant est tenu d'avoir un livre journal qui pré
» sente, jour par jour, ses dettes actives et passives, les opérations de
» son commerce, ses négociations, acceptations ou endossements d'effets,
» et généralement tout ce qu'il reçoit et paie à quelque titre que ce soit,
» et qui énonce, mois par mois, les sommes employées à la dépense de
» sa maison : le tout indépendamment des autres livres usités dans le
» commerce, mais qui ne sont pas indispensables. »

» Il est tenu de mettre en liasse les lettres missives qu'il reçoit, et de
» copier sur un registre celles qu'il envoie. »

Art. 9. « Il est tenu de faire tous les ans, sous seing privé, un in-
» ventaire de ses effets mobiliers et immobiliers, et de ses dettes actives
» et passives, et de le copier, année par année, sur un registre spécial
» à ce destiné. »

Art. 10. « Le livre journal et le livre des inventaires seront paraphés
» et visés une fois par année. »

» Le livre de copie de lettres ne sera pas soumis à cette formalité.

» Tous seront tenus par ordre de dates, sans blancs, lacunes, ni trans-
» ports en marge. »

Art. 11. « Les livres dont la tenue est ordonnée par les articles 8 et 9
» ci-dessus seront cotés, paraphés et visés, soit par un des juges des tri-
» bunaux de commerce, soit par le maire ou un adjoint, dans la forme
» ordinaire et sans frais. Les commerçants seront tenus de conserver
» ces livres pendant dix ans. »

Art. 12. « Les livres de commerce régulièrement tenus peuvent être
» admis par le juge pour faire preuve entre commerçants pour faits de
» commerce. »

Art. 13. « Les livres que les individus faisant le commerce sont obli-
» gés de tenir, et pour lesquels ils n'auront pas observé les formalités
» ci-dessus prescrites, ne pourront être représentés ni faire foi en jus-
» tice au profit de ceux qui les auront tenus, sans préjudice de ce qui
» sera réglé au livre des faillites et banqueroutes. »

DE LA TENUE DES LIVRES.

La loi veut donc que tout commerçant ait : 1° un livre journal ; 2° un
livre d'inventaire ; 3° un livre de copie de lettres. Mais le besoin d'apporter de la lucidité dans ses comptes a conduit le commerçant à inventer d'autres livres, et à donner à ceux-ci et à ceux-là une rédaction et
une disposition particulières : c'est ce qu'on appelle la Tenue des Livres.

Partie simple. — Partie double.

On distingue ordinairement deux méthodes de Tenue des Livres :
la partie simple et la partie double. Dans l'une et l'autre de ces méthodes le journal peut être régulièrement tenu, et satisfaire aux
prescriptions de la loi ; mais dans la première le grand livre n'offre pas
les mêmes ressources que dans la seconde. En effet, le commerçant qui
tient ses livres en partie simple n'a des comptes ouverts que pour les

personnes avec lesquelles il fait des affaires à crédit, tandis que celui qui emploie la partie double a non-seulement des comptes pour les au-- tres, mais il en a aussi pour lui-même : c'est assez dire que l'avantag reste tout à la seconde méthode. Nous nous occuperons donc de la par- tie double de préférence et en premier lieu, et quand nous l'aurons fait comprendre à nos lecteurs, quelques mots nous suffiront pour leur enseigner la partie simple que nous ne leur conseillerons pas.

Ainsi que nous venons de le dire, la partie simple, ne présentant au grand livre que les comptes des autres, ne devait point satisfaire le vrai commerçant, toujours désireux de savoir les moyens d'augmenter ses bénéfices et de diminuer ses pertes. Il lui fallait une méthode qui lui fît connaître, au moment de l'inventaire, non-seulement ses profits et ses pertes, mais encore les sources d'où proviennent ces profits et ces pertes : la partie double est venue combler ses désirs. Avec cette mé- thode le commerçant sait quels sont les bénéfices bruts qu'il a faits sur les marchandises, quels sont ses frais de maison, ses dépenses de mé- nage, etc.; et s'il fait le commerce en gros, ses livres sont tenus de telle manière qu'il voit, en réglant ses comptes, qu'il a gagné tant p. 0/0 sur le sucre, tant p. 0/0 sur l'eau-de-vie, tant p. 0/0 sur le suif, tant p. 0/0 sur la laine, etc.; et la connaissance de ces résultats, à moins de circonstances particulières, le décide à donner de l'extension à telle ou telle branche de commerce, et à restreindre ou même à aban- donner telle ou telle autre, à modifier ses opérations, à diminuer ses dépenses, enfin à travailler avec une entière connaissance de ce qu'il fait.

La partie double ne présentât-elle que ces avantages, qu'elle devrait déjà être regardée comme la meilleure conseillère du commerçant; mais il y a plus, elle lui dit à toute heure l'argent qu'il doit avoir dans sa caisse, les valeurs qu'il doit trouver dans son portefeuille, la somme des billets qu'il a en circulation ou des traites qui lui restent à acquitter.

Pour inventer la partie double, le commerçant se sera dit : Si j'ai des comptes avec les autres, pourquoi n'en aurais-je pas avec moi-même? Pourquoi n'occuperais-je pas un folio du grand livre aussi bien que Pierre ou Jules? Je m'appellerai Capital. Au moment de l'ouverture de mes li- vres, je porterai à l'*avoir* de Capital le total de mes dettes actives, et au *doit* le total de mes dettes passives ; et, comme je ne saurais suivre toutes les variations qu'éprouvera mon capital dans l'intervalle de deux inventaires, je ne toucherai plus à ce compte qu'au moment de l'inventaire, à moins que mes ressources commerciales ne se trouvent augmentées ou diminuées par quelque circonstance en dehors de mes opérations, comme par succession, par mariage, ou par toute autre cause analogue. Mais j'ouvrirai un compte particulier où je porterai les intérêts que je recevrai ou que je paierai ; les profits ou les pertes résultant des escomptes et des négociations d'effets, des faillites, etc. ; celui-là, je l'appellerai Profits et Pertes. J'en tiendrai un autre que j'appellerai Frais Généraux, où j'inscrirai tous mes frais de commerce, tels que frais de bureau, ports de lettres, loyer, chauffage, éclairage, appointements des commis, etc. Enfin, j'en aurai un troisième, où figureront toutes mes dépenses particulières et de ménage, intitulé Dépenses Domestiques.

Ces comptes destinés à représenter le commerçant une fois inventés, l a fallu songer à en créer d'autres. Voici ce que le commerçant se sera encore dit : Le commerce se fait avec de l'argent, avec des marchandises et des effets de commerce, ou, en d'autres termes, j'ai une caisse, des marchandises, des effets à recevoir, des effets à payer. Or, de même que j'ai personnifié le compte de Capital et les divisions de ce compte, pour avoir des comptes avec moi-même, de même je personnifierai les objets de mon commerce, pour avoir des comptes avec chacun de ces objets. Je dirai : Caisse, Marchandises, Effets à Recevoir, Effets à Payer, comme si je parlais d'individus avec lesquels je serais en relation ; et si je dis : Marchandises, Effets à Recevoir, Effets à Payer, rien ne m'empêchera de dire Marchandises Générales (1), Vin, Suif, Eau-de-vie, Huile, Draps de Sedan, Draps d'Elbeuf, Bijoux, Cirage, Chapellerie, Matière première, Traites et Remises, Billets de Prime à Recevoir, Contrats de Rente à Recevoir, Effets à 1/2 en Banque, Traites à Payer, Billets de Prime à Payer, etc., etc.; c'est-à-dire que je diviserai et subdiviserai mes comptes comme il sera le plus avantageux pour la nature des affaires que je ferai.

(1) Lorsqu'on ne trafique que sur une seule sorte de marchandises, ou qu'on n'a pas de divisions de ce compte, il ne faut pas ajouter le mot Générales au mot Marchandises, parce que cette épithète suppose une division du compte de marchandises.

Mais c'est une erreur commune à tous ceux qui ont écrit sur la tenue des livres de croire que les comptes qui constituent la partie double représentent tous le commerçant ; il est essentiel au contraire de bien comprendre qu'il n'y a que le compte de Capital et ses divisions qui se trouvent dans ce cas ; les autres, tels que Caisse, Marchandises, Effets à Recevoir, Effets à Payer, etc., ne sont que la personnification des objets de commerce, et doivent être considérés comme des individus auxquels le commerçant confierait ces objets, pour leur en demander compte au moment de l'inventaire. En effet, ces derniers comptes représentent si peu le commerçant, que leur débit sert à composer son crédit ou son actif, ou l'avoir de Capital, tandis que le doit de Capital exprimerait son passif. Aussi jugeons-nous cette distinction non-seulement importante, mais indispensable pour quiconque veut savoir ce que signifie chaque compte en particulier, et le parti qu'on en peut tirer.

De ce qu'on tient des comptes pour soi-même et avec soi-même en même temps qu'on en tient avec les autres, il résulte que chaque opération figure au moins à deux comptes, au doit de l'un et à l'avoir de l'autre, par la raison qu'un compte ne peut pas recevoir sans qu'un autre fournisse, ou être débiteur sans qu'un autre soit créancier, ou créditeur, comme on dit en tenue des livres.

De là le nom de Partie Double donné à cette méthode.

Mais il ne faut pas conclure de ce que nous venons de dire que les écritures de la partie double soient beaucoup plus nombreuses ou plus compliquées que celles de la partie simple. Un journal en partie double ne demande pas plus de temps qu'un journal en partie simple, tenu comme la loi le veut ; un grand livre en partie double ne contient que quelques comptes de plus qu'un grand livre en partie simple. Reste le seul désavantage de porter deux fois au grand livre en partie double ce qui ne se porte qu'une fois au grand livre en partie simple; mais quelle légère augmentation de travail en comparaison des avantages précieux qu'on en retire !

LIVRES AUXILIAIRES.

Outre les livres principaux, c'est-à-dire ceux que la loi exige, et le grand livre, dont nous parlerons plus tard, il faut au commerçant d'autres livres sur lesquels il inscrit des détails utiles auxquels il a souvent besoin de recourir, mais qui embarrasseraient la marche de la comptabilité et la rédaction des articles : c'est ce qu'on appelle Livres Auxiliaires.

Les livres auxiliaires le plus en usage sont : la Main Courante, le Livre d'Achats, le Livre de Ventes, le Livre d'Entrée et de Sortie des Marchandises, le Livre d'Enregistrement des Effets à Recevoir, le Livre d'Enregistrement des Effets à Payer, le Carnet d'Échéances des Effets à Recevoir, le Carnet d'Échéances des Effets à Payer, le Livre de Caisse, le Livre des Comptes Courants portant intérêts, et, dans la commission, le Livre des Commandes ou Commissions.

Comme il est naturel de passer du simple au composé, et que nous n'admettons point qu'on puisse enseigner la comptabilité sans la pratiquer avec l'élève, nous parlerons en premier lieu de ces livres et du Livre de Copie de Lettres, et nous les établirons un à un avec nos lecteurs, afin que toutes ces connaissances préliminaires soient acquises quand nous aurons à nous occuper des autres livres qui exigent une étude plus sérieuse , c'est-à-dire du Journal, du Grand Livre, des Balances et de l'Inventaire.

De la Main Courante.

Ce livre, sur lequel on prend note de ses opérations de commerce à mesure qu'elles ont lieu, n'est ni exigé par la loi, ni indispensable dans la tenue des livres, puisque ce qu'il renferme se trouve épars dans les autres livres auxiliaires ; mais il n'est pas sans utilité là où il est possible. Beaucoup de commerçants le font même rédiger comme le journal, pour être plus sûrs que les articles seront portés sans surcharges ni ratures du premier au dernier de ces deux livres, et alors il prend le nom de Brouillard.

Quant à nous, notre Main Courante ne sera qu'un livre de notes rédigées par le premier venu, une espèce de journal en partie simple , dont nous extrairons les renseignements nécessaires pour faire notre journal en partie double.

Nous allons du reste donner ci-après une main courante composée d'articles fort simples, formant une série d'exemples variés, classés méthodiquement, que nous résoudrons avec nos lecteurs pour en faire une tenue des livres préparatoire qui les mette en état d'établir eux-mêmes, sans autre secours que les lumières acquises, les différentes comptabilités qui font l'objet des autres volumes de cet ouvrage.

Loin de chercher à augmenter la difficulté de la solution des articles, en présentant une rédaction qui laissât du doute, nous avons toujours eu en vue d'adopter la rédaction la plus simple et la plus claire, et c'est dans le but d'être parfaitement compris, et de mettre nos lecteurs à même de suivre sans effort notre marche méthodique, que nous avons ajouté à chaque article une note marginale propre à en indiquer l'objet.

MAIN COURANTE.

MAIN COURANTE.

Composition du Capital.	1. —— du 1er janvier 1844. ——		
	Je verse dans ma caisse pour former m/ capital une somme de..............................	10000	»
Achat de Mobilier.	2. —— du 2 idem. ——		
	J'achette un comptoir que je paie comptant...	75	»
	3. —— du 3 idem. ——		
Achat de Marches au comptant.	Cornet, à Paris, me livre les marches ci-dessous :		
	6 p. drap bleu, ensemble 240 m. à 17 50. 4200 »		
	2 *idem* vert, ensemble 70 » à 12 ». 840 »		
	Total..... 5040 »		
	Que je paie en espèces, ci.................	5040	»
	4. —— du 4 idem. ——		
Achat de Mes réglé en un Eff. à Payer.	J'ai acheté de Bruand, à Rouen, qui me les livre ce jour,		
	20 p. calicot, ensemble 720 m. à 0 60 c. 432 »		
	Et je lui remets en paiement,		
	No 1, m/ bet à s/ ord/, 25 mars................	432	»
	5. —— du 5 idem. ——		
Achat de Marches à Crédit.	Je reçois de Rouget, à Lyon,		
	10 p. de soie, ensemble 450 m. à 6 50... 2925 »		
	Payables à présentation de sa facture, ci....	2925	»
	6. —— du 8 idem. ——		
Vente de Marches au comptant.	Je livre à Raimond, à Paris,		
	6 p. drap bleu, ensemble 240 m. à 22 ». 5280 »		
	Et j'en reçois le prix en espèces, ci..........	5280	»
	7. —— du 9 idem. ——		
Vente de Marches réglée en un Eff. à Recev.	Je vends à Gonot, à Paris,		
	20 p. calicot, ensemble 720 m. à 0 75.... 540 »		
	Et Gonot me remet en paiement,		
	No 101, s/ bet à m/ ord/, 10 avril..............	540	»

Vente de March.es à Crédit.	8. ——— du 10 janvier 1844. ——— Je vends à Loriot, à Paris, 5 p. de soie, ensemble 225 m. à 8 25… 1856 25 Payables à présentation de m/ facture, ci….	1856	25
Paiement en Espèces.	9. ——— du 11 idem. ——— J'envoie en espèces à Rouget, à Lyon, le montant de sa facture dont j'ai reçu livraison le 5 courant, ci	2925	»
Recette en Espèces.	10. ——— du 12 idem. ——— Je fais recevoir chez Loriot, à Paris, le montant de m/ facture du 10 courant, ci………………	1856	25
Frais de Commerce.	11. ——— du 13 idem. ——— J'achette de Jourdain, à Paris, pour le chauf- fage de m/ magasin, 2 stères de bois pour le prix de fr. 72 », payables comptant (c'est à-dire à présentation de la facture), ci.	72	»
Dépenses de Ménage.	12. ——— du 13 idem. ——— Je paie à m/ tailleur une facture de……	150	»
Perte.	13. ——— du 15 idem. ——— J'ai perdu ma bourse qui contenait fr. 100, ci.	100	»
Vente de March.es à Crédit.	14. ——— du 15 idem. ——— J'adresse à Barraux, à Lyon, 2 p. de drap vert, ensemble 70 mètres à fr. 15 »..	1050	»
Versement chez un Banquier.	15. ——— du 15 idem. ——— Je verse à la caisse de Portel, banquier, à Paris, qui m'ouvre un compte courant portant intérêts réci- proques, à 5 p. %% l'an, une somme de…………	8000	»
Échange de March.es.	16. ——— du 16 idem. ——— Je vends à Logeotte, à Paris, 5 p. de soie, ensemble 225 m. à fr. 9 » 2025 » Et il me donne, en échange, 18 p. de stoff, ensemble 810 mètres à fr. 2 50…	2025	»

Division du Compte de March^{es} g^{les}.	**17.** ———— du 16 janvier 1844. ———— Je reçois de Vincent, à Bordeaux, 7 hectol. de vin de Bordeaux à fr. 165 » **1155** »

17. ———— du 16 janvier 1844. ————

Je reçois de Vincent, à Bordeaux,

7 hectol. de vin de Bordeaux à fr. 165 » 1155 »

Et, comme je veux me rendre un compte exact de mes opérations sur le vin de Bordeaux, je le porte à un compte particulier que j'appelle : Vin de Bordeaux, ci . . . . 1155 »

Division du Compte de March^{es} g^{les}.

---

18. ———— du 17 idem. ————

Ayant besoin de papier sur Bordeaux, je tire, N° 102, m/t^{te} o/ Vincent, sur Sénac, 15 avril. 1155 »

Et en donnant à Sénac avis de cette traite, je lui adresse, pour le remplir de cette somme, N° 2, m/ b^{et} à s/ ord/, 5 avril . . . . 1155 »

Échange de valeurs de portefeuille.

---

19. ———— du 17 idem. ————

J'adresse à Vincent, à Bordeaux, N° 102, sur Sénac, à Bordeaux, 15 avril . . . . 1155 »

Paiement en valeur de portefeuille.

---

20. ———— du 18 idem. ————

Je reçois de Daniel, à Rouen, qui fera traite sur moi à 3 mois pour le montant de s/ facture, 15 p. rouennerie, ensemble 630 m. à fr. 1 25 . . . . . 787 50

Achat de March^{es} à Crédit.

---

21. ———— du 19 idem. ————

Daniel, à Rouen, me fait présenter, pour que je la revête de mon acceptation, Sa traite à s/ ord/ sur moi, 15 avril, de. 787 50

J'accepte cette traite, je la rends au porteur, et j'en fais écritures sous le N° 3 de m/ effets à payer... 787 50

Acceptation d'une Traite.

---

22. ———— du 20 idem. ————

Je reçois en retour les marchandises que j'avais adressées à Barraux, à Lyon, le 15 courant, savoir : 2 p. de drap vert, ensemble 70 mètres à fr. 15 » . 1050 »

Retour de March^{es}.

---

23. ———— du 20 idem. ————

Je paie au roulage le port des marchandises que Barraux, à Lyon, m'a renvoyées 10 80

Port de March^{es} renvoyées.

---

24. ———— du 22 idem. ————

Je reçois d'envoi de Daniel, à Rouen, savoir : 20 p. rouennerie, 800 mètres à fr. 1 10 880 » 25 p. rouennerie, 1125 mètres à fr. 1 60 1800 » 2680 »

Achat de Mach^{es} à Crédit.

Vente de March^{es} et Remboursement immédiat.	25. — du 22 janvier 1844. — Je vends à Martial, à Fontainebleau. 5 hectolitres vin de Bordeaux à fr. 210 » 1050 » Et je me rembourse, en tirant sur Martial le mandat ci-dessous que je mets en portefeuille : N° 103, m/ mand/ ord/ Daniel, à vue..........	1050	»
Remise d'un Effet en compte.	26. — du 24 idem. — J'adresse à valoir à Daniel, à Rouen, N° 103, sur Fontainebleau, à vue..............	1050	»
Argent reçu à la Caisse du Banquier.	27. — du 25 idem. — Je fais recevoir à la caisse de Portel, à Paris, m/ banquier, une somme de....................	1000	»
Paiement de Loyer par avance.	28. — du 27 idem. — Ayant fait un bail du magasin que j'occupe, je paie 6 mois de loyer d'avance, ci..............	1000	»
Paiement en Espèces.	29. — du 29 idem. — Je paie en espèces à Jourdain, à Paris, s/ facture de 2 stères de bois achetés le 13 courant.	72	»
Dépenses de Ménage.	30. — du 30 idem. — Je porte en dépense : Les dépenses de bouche de m/ ménage pendant le mois...................... 140 » Le mois de gages de ma domestique... 20 »	160	»
Frais de Commerce.	31. — du 31 idem. — Je paie : A m/ commis, ses appointem^{ts} de janvier. 125 » A m/ garçon de magasin............. 87 50 Je porte en dépense Les ports de lettres du mois 16 50	229	»
Vente de March^{es} à Divers.	32. — du 1er février 1844. — Je vends ce qui suit aux suivants : A Loriot, à Paris, 18 p. de stoff, ensemble 810 m. à fr. 3 20 2592 » A Pernot et Cie, à Paris, 2 p. drap vert, ensemble 70 m. à fr. 14 » 980 »	3572	»

	33. —— du 1er février 1844. ——		
Achat de Marches de Divers.	J'achette des suivants, savoir :		
	de Rouget, à Lyon,		
	8 p. de soie, ensemble 320 m. à fr. 5 »	1600 »	
	de Brûand, à Rouen,		
	30 p. de calicot, ensemble 1200 m. à 60 c.	720 »	2320 »
	34. —— du 3 idem. ——		
Vente de diverses Marchandes.	Je livre à Raimond, à Paris,		
	25 p. rouennerie, ens. 1125 m. à fr. 2 »	2250 »	
	2 hect. vin de Bordeaux.. à fr. 215 »	430 »	2680 »
	35. —— du 5 idem. ——		
Achat de diverses Marchandes.	Je reçois d'envoi de Vincent, à Bordeaux :		
	12 hect. de vin de Bordeaux à fr. 120 »	1440 »	
	2 barr. de sucre, 1000 kilog. à fr. 1 65	1650 »	3090 »
	NOTA. J'ouvre un compte de SUCRE afin de pouvoir connaître plus facilement le résultat de mes opérations sur le sucre.		
	36. —— du 5 idem. ——		
Recette en espèces de divers.	Je fais recevoir :		
	Chez Pernot et Cie, à Paris, m/ facture du 1er courant........................	980 »	
	A la caisse de Portel, m/ banquier......	3000 »	3980 »
	37. —— du 5 idem. ——		
Paiement en espèces à divers.	J'adresse, par l'administration du chemin de fer, aux suivants, qui sont convenus de payer le port :		
	A Daniel, à Rouen,		
	Un group de..........................	1630 »	
	A Bruand, à Rouen,		
	Un group de..........................	720 »	2350 »
	38. —— du 6 idem. ——		
Recette sous déduction de l'Escompte.	Loriot, à Paris, me paie comme suit m/ facture du 1er courant :		
	En espèces..................	2514 25	
	Escompte 3 p. %..................	77 75	2592 »

Paiement sous déduction de l'Escompte.	**39.** ———— du 6 février 1844. ————		

39. ———— du 6 février 1844. ————

J'adresse à Rouget, à Lyon, par les Messageries générales,

En espèces........................	1552	»		
Je retiens				
L'escompte à 3 p. %..................	48	»	1600	»

Paiement sous déduction de l'Escompte.

40. ———— du 8 idem. ————

Raimond, à Paris, me paie comme suit :

N° 104, b^et Ricord, à Paris, 10 fév. 500 »		
» 105, s/ t^te sur Véron, à Bordeaux, 10 avril................. 500 »	1000	»
En espèces.....................	1650	»
Rabais.........................	30	»	2680	»

Recette composée de divers objets.

41. ———— du 8 idem. ————

Je règle avec le voyageur de Vincent, à Bordeaux, sa facture comme suit :

N° 4, m/ b^et à s/ ord/, 5 mai.......	1000	»		
» 105, sur Bordeaux, 10 avril.......	500	»		
Un bon sur la caisse de Portel, m/ banq^er,	1542	30		
Escompte 3 p. % sur fr. 1590 »......	47	70	3090	»

Paiement composé de divers objets.

42. ———— du 9 idem. ————

J'escompte à J. Siret, père et fils, à Paris, le bordereau ci-dessous :

N° 106, l/m/s/ Fabre, à Amiens, 31 mars.	700	»		
» 107, b^et Cordier, à Mâcon, 1er avril.	800	»		
» 108, b^et Goget, à Verdun, 5 avril..	664	85		
Ensemble.....	2164	85		

Escompte d'Effets.

Je compte à J. Siret, père et fils,

En espèces..........	2132	25			
Je leur retiens :					
Intérêts à 6 p. % (1)........... 19 10	32	60	2164	85	
Com^on et chan^se de place, 5/8 p. %. 13 50					

(1) Voir, pour le calcul de l'escompte, notre ouvrage intitulé : *Notions d'Arithmétique commerciale*, ou moyen d'apprendre, en neuf leçons et sans maître, à *calculer aussi vite que la pensée* : 1° Les Intérêts, quels que soient le taux et le nombre de jours; 2° L'Escompte; 3° Le Bordereau d'Escompte; 4° Le Prix de Vente pour gagner tant pour %, soit sur le prix de revient, soit sur le chiffre de la vente.

43. ——————— du 10 février 1844. ———————

Je négocie à Trullat, à Paris, les eff^{ts} ci-dessous.

Négociation d'Effets.

N° 106, s/ Amiens, 31 mars.. 700 »
» 108, s/Verdun s/s, 5 avril.. 664 85 } 1364 85

Trullat me compte

En espèces......................... 1349 55

Il me retient :

Intérêts à 5 p. %/₀............. 11 90 } 15 30   1364 85
Change de place 1/4 p. %/₀.... 3 40

44. ——————— du 10 idem. ———————

Recette en espèces composée de divers objets.

J'encaisse,

N° 104, sur Paris, échu ce jour .... 500 »

Je vends, au comptant,

5 p. rouennerie, 210 m. à fr. 1 60...... 336 »   836 »

45. ——————— du 12 idem. ———————

Vente de March^{es} réglée au moment de la livraison.

Je vends à Gérin, à Paris :

20 p. rouennerie, 800 m. à fr. 1 40, 1120 » } 1792 »
10 p. idem, 420 m. à fr. 1 60, 672 »

Gérin me paie comme suit :

N° 109, s/ mand/ sur Louvat, à Cambrai. 15 février............. 700 » } 1370 »
N° 110, s/ t^{te} sur Rameaux, à Béziers, 20 mars................... 670 »

En espèces......................... 422 »   1792 »

46. ——————— du 12 idem. ———————

Achat de March^{es} réglé au moment de la livraison.

J'achette de Bonin, à Paris,

5 p. drap noir, ensemble, 200 m. à fr. 18 » 3600 »

Je le paie comme suit :

N° 109, sur Cambrai, 15 février....... 700 »
En espèces......................... 2792 »
Escompte 3 p. %/₀... ....'.... 108 »   3600 »

47. ——————— du 12 idem. ———————

Achat de March^{es} réglé en partie.

J'achette de Vinon, à Bercy,

10 hect. vin de Bordeaux, à fr. 115 ».. 1150 »

Je lui donne à valoir,

N° 107, sur Mâcon, 1er avril......... 800 »

Je reste lui devoir fr 350 », qu'il fera recevoir quand il voudra, ci, *pour balance*. 350 »   1150 »

48. ——————— du 14 février 1844. ———————

Je vends à Fatoudet, à Paris, savoir :

6 h. vin de Bordeaux à fr. 150 » 900 » ⎫
5 h. *idem,* à fr. 145 » 725 » ⎬ 1625 »
1 barrique sucre de 500 kilogr. à fr. 1 90 950 »

Ensemble..... 2575 »

Vente de March⁰ˢ réglée en partie.

Fatoudet me remet à valoir ce qui suit :

N° 111, b⁰ᵗ Simon, à Paris, 15 mai, 950 » ⎫
» 112, b⁰ᵗ Patin, *idem,* 15 id.. 250 » ⎬ 1200 »
En espèces......................... 375 »

Il reste me devoir fr. 1000 » qu'il aura à me régler, ci, *pour balance......* 1000 » | 2575 »

49. ——————— du 15 idem. ———————

J'escompte à Maurice, à Paris, les eff⁺ˢ ci-dessous:
N° 113, t⁺ᵉ de Ricard, à Lyon, sur Amiot, à Paris, 10 mai........................ 1500 »
N° 114, s/ t⁺ᵉ sur Bouvier, à Lille, 20 mai. 1000 »

Ensemble..... 2500 »

Escompte d'Effets réglé en partie.

Je règle ce bordereau de la manière suivante :
Espèces............................... 1956 70
Intérêts à 6 p. % l'an......... 36 40 ⎫
Comm⁰ⁿ 1/8 p. % sur fr. 1500 » ⎪
sur Paris..................... 1 90 ⎬ 43 30
Change de place 1/2 p. % sur ⎪
fr. 1000 »................... 5 » ⎭

Je reste lui devoir fr. 500 », qu'il fera recevoir le 19 courant, ci, *pour balance..* 500 » | 2500 »

50. ——————— du 16 idem. ———————

Marchand⁰ˢ données en Commission.

J'envoie à Cornut, à Paris, pour qu'il les vende pour m/ compte, moyennant une commission de 2 p. %, les marchandises ci-dessous :
30 p. calicot. ensemble 1200 m. à fr. 0 60 720 »
5 p. drap noir, ens. 200 m. à fr. 18 » 3600 » | 4320 »

I.   2

51. ——— du 16 février 1844. ———

Marchandes reçues en Commission.

Je reçois de Quinet, à Roubaix, pour être vendues pour s/ compte, moyennant une commission de 3 p. %,

50 p. étoffes de Roubaix, 2000 m. à fr. 1 25   2500 »

Je paie en espèces :

Le port des marchandises...... 45 »
Le pourboire au camionneur... » 75 } 45 75   2545 75

Nota. On suppose que le prix de vente est invariable.

52. ——— du 17 idem. ———

Remise d'Effets en compte, Escompte déduit

Je remets en compte à Portel, m/ banquier, le bordereau ci-dessous :

N° 113, sur Paris, 10 mai... 1500 »
» 111, » id. 15 id.... 950 »
» 112, » id. 15 id.... 250 » } 3700 »
» 114, » Lille, 20 id.... 1000 »

Escompte en faveur de Portel :

Intérêts à 5 p. % l'an........ 44 85
Ch⁁ᵉ de place, 1/8 p. % s/ fr. 1000   1 25 } 46 10

Reste à porter à m/ crédit, valeur de ce jour pour produit net de m/ bordereau. 3653 90

Somme égale........ 3700 »

53. ——— du 17 idem. ———

Recette en Espèces.

Je reçois en compte à la caisse de Portel, m/ banquier, la somme de.................... 1500 »

54. ——— du 19 idem. ———

Paiement de divers objets.

Je paie en espèces, savoir :

A Maurice, à Paris,
Pour solde de son bordereau......... 500 »
A Bonin, à Paris,
En remboursement de fr. 700 », N° 109, m/ remise s/ Cambrai, venant de Gérin, et s'élevant avec ports de lettres à......... 701 40   1201 40

55. ——— du 20 idem. ———

Remboursᵗ d'un retour par le cédant au cessionᵣₑ.

Je rends à Gérin, à Paris, sa remise de fr. 700 » renvoyée pour fr. 701 40, ports de lettres compris, Et il m'en compte le montant en espèces, ci. 701 40

56. ——— de 21 février 1844. ———

Règlement de Marchⁱᵉˢ données en commission.

Cornut, à Paris, me donne s/ compte de vénte de mes marchandises, ainsi conçu :

30 p. calicot, 1200 m. à fr. » 80.	960 »	⎫ 5480 »
5 p. drap, 200 m. à fr. 22 60.	4520 »	⎭

A déduire :

S/ commission à 2 p. %, ci 109 60

Net, qu'il me compte en espèces .... | 5370 | 40

57. ——— du 21 idem. ———

Solde du Compte de Marchⁱᵉˢ données en commission.

Je solde le compte des marchandises données en commission à Cornut ;

Le crédit est de.................... 5370 40

Le débit de........................ 4320 »

Excédant du crédit sur le débit .... | 1050 | 40

58. ——— du 22 idem. ———

Achat de diverses Mⁱᵉˢ réglé par divers objets.

Vincent, à Bordeaux, m'adresse les marchandises ci-dessous :

1 barr. sucre de 550 k. à fr. 1 20. .	660 »	⎫ 1100 »
4 hect. vin de Bordeaux à fr. 110.	440 »	⎭

Je lui envoie :

N° 110, sur Béziers, 20 mars .... 670 »

En espèces .... 430 » | 1100

59. ——— du 24 idem. ———

Vente de diverses Mⁱᵉˢ réglée par divers objets.

Je livre à Rousselot jⁿᵉ et Cⁱᵉ, à Paris, savoir :

1 barr. sucre de 500 kil. à fr. 2 10.	1050 »	⎫ 1875 »
1 barr. id. de 550 kil. à fr. 1 50.	825 »	⎭
6 hect. vin de Bordeaux à fr. 150 »	900 »	
50 p. étoffes de Quinet, ensemble 2000 m.		
à fr. 1 25....................	2500 »	

Ensemble..... 5275 »

Rousselot jⁿᵉ et Cⁱᵉ me paient comme suit :

N° 115, leur tⁱᵉ s/ Daniel, à Lyon,

25 mai.................... 1200 »	⎫ 3700 »	
N° 116, leur bᵉˡ à m/ord/, 25 mai. 2500 »	⎭	
En espèces....................	1527 75	
Escᵗᵉ 3 p. % sur fr. 1575 », payés comptant.	47 25	5275 »

60. — du 24 février 1844. —		
Commission sur la vente des March^{es} reçues en commission. Je prélève ma commission à 3 p. °/o sur le chiffre de la vente faite ce jour pour le compte de Quinet à Roubaix, ci...........................	**75**	»
61. — du 24 idem. —		
Je solde le compte d'étoffes de Quinet :		
Solde du Compte de March^{es} reçues en commission. Le doit est de..................... 2620 75		
L'avoir de......................... 2500 »		
Différence à porter au doit du compte particulier de Quinet............................	**120**	**75**
Nota. J'écris à Quinet pour lui envoyer son compte de vente et lui dire qu'il peut disposer sur moi à 3 mois de fr. 2379 25 pour solde.		
62. — du 26 idem. —		
Erotin, à Paris, me demande du papier sur Lyon ;		
Échange d'Effets avec bonification. Je lui remets,		
N° 115, sur Lyon, 25 mai............ 1200 »		
Il me donne en échange,		
N° 117, B^{et} Hénaux, à Paris, 25 mai... 1200 »		
Et me paie en espèces		
Une bonification de.................. 3 »	**1203**	»
63. — du 28 idem. —		
Perte d'une créance. J'apprends que Fatoudet, à Paris, est mort insolvable, et je solde son compte, qui était débiteur de..	**1000**	»
64. — du 29 idem. —		
Intérêts d'un compte cour^t avec un banquier. Je reçois le compte de Portel, à Paris, mon banquier, et après l'avoir vérifié et reconnu exact, je passe écritures de :		
Fr. 34 20 d'intérêts en ma faveur, ci..........	**34**	**20**
65. — du 29 idem. —		
Compte soldé et rouvert en même temps. Je solde le compte ancien de Portel, à Paris, et je lui en rouvre un nouveau.		
Ce compte présente un solde en m/ faveur de	**4645**	**80**

66. ———— du 29 février 1844. ————					

Pris à la caisse pour payer les frais et dépenses du mois, savoir :

<table>
<tr><td rowspan="6">Frais
et dépenses
du mois.</td><td>Les dépenses de bouche du ménage</td><td>150</td><td>»</td><td rowspan="2">170 »</td><td rowspan="6">434 50</td></tr>
<tr><td>Le mois de gages de ma domestique</td><td>20</td><td>»</td></tr>
<tr><td>Les appointements de m/ commis.</td><td>125</td><td>»</td><td rowspan="4">264 50</td></tr>
<tr><td>Idem de m/ garçon de magasin..</td><td>87</td><td>50</td></tr>
<tr><td>Les ports de lettres............</td><td>17</td><td>»</td></tr>
<tr><td>2/12 des impôts et de la patente....</td><td>35</td><td>»</td></tr>
</table>

67. ———— du 29 idem. ————

Ayant l'intention de faire mon inventaire à la date de ce jour, je dois porter en dépense, au compte de frais généraux, 2 mois de loyer échu, qui, si je ne les déduisais pas de mes bénéfices d'aujourd'hui, viendraient diminuer mes bénéfices de l'inventaire suivant.

Loyer à payer.

J'ouvre donc un compte de loyer à payer, et j'y porte 2 mois de loyer échu, ci............... 333 35

Du Livre d'Achats.

Il suffit de voir un Livre d'Achats pour en comprendre l'usage et être à même de le tenir ; nous n'entrerons donc pas ici dans des explications superflues.

Les articles qui figurent au livre d'achats ne sont que la copie des factures de nos vendeurs; ainsi nous n'aurons qu'à suivre notre main courante, et à y prendre un à un les articles d'achats qui y sont portés pour composer notre livre d'achats.

Nous lisons dans la main courante, à la date du 8 janvier : *Cornet de Paris, me livre*, etc. Cornet en faisant cette livraison nous en a donné une facture ; cette facture a dû être établie comme suit :

MODÈLE D'UNE FACTURE.

DOIT : M MUNIER, à Paris,
A CORNET, à Paris,
Marchand de draps en gros, rue ... N° ...
Payable comptant.

1844. Janvier.							
3	6 p drap bleu , ensemble 240 mètres à fr. 17 50..					4200	»
»	2 p. *id.* vert, *id.* 70 *id.* 12 »...					840	»
						5040	»

C'est cette facture et les suivantes que nous copions au livre d'achats.

LIVRE D'ACHATS.

---

du 3 janvier 1844.

AVOIR CORNET, à Paris, sa facture de ce jour,
Payable comptant,
6 p. drap bleu, ensemble 240 mètres, à fr. 17 50   4200 »
2 p. *id.* vert, ensemble 70 id.   à fr. 12 »   840 » | 5040 | »

du 4 idem.

AVOIR BRUAND, à Rouen, s/ facture du 2 courant,
Payable en m/ billet à 80 jours,
20 p. de calicot, ensemble 720 mètres, à fr. » 60 .... | 432 | »

du 5 idem.

AVOIR ROUGET, à Lyon, s/ facture du 31 décembre,
Payable comptant,
10 p. de soie, ensemble 450 mètres, à fr. 6 50 .... | 2925 | »

du 16 idem.

AVOIR LOGEOTTE, à Paris, s/ facture de ce jour,
Payable en 5 pièces de soie,
18 p. de stoff, ensemble 810 mètres, à fr. 2 50 .... | 2025 | »

du 16 idem.

AVOIR VINCENT, à Bordeaux, sa facture du 5 courant,
Payable en papier sur Bordeaux à 90 jours,
7 hectolitres de vin de Bordeaux, à fr. 165 » .... | 1155 | »

du 18 idem.

AVOIR DANIEL, à Rouen, s/ facture du 14 courant,
Payable en sa traite à 3 mois,
15 p. rouennerie, ensemble 630 mètres, à fr. 1 25 .... | 787 | 50

du 20 idem.

AVOIR BARRAUX, à Lyon, retour de m/ envoi du 15 courant,
2 p. de drap vert, ensemble 70 mètres, à fr. 15 »   1050 »
CAISSE
Port du retour .... 10 80 | 1060 | 80

Reporté.. .... | 13425 | 30

| | Report.......... | 13425 | 30 |

du 22 janvier 1844.

AVOIR DANIEL , à Rouen, s/ facture du 18 courant,
Payable dans la quinzaine.

| 20 p. rouennerie, ensemble 800 mètres , à fr. 1 10 | 880 | » | | |
| 25 p. idem. ensemble 1125 mètres , à fr. 1 60 | 1800 | » | 2680 | » |

Total des Achats du mois de Janvier............ | 16105 | 30 |

du 1er février 1844.

AVOIR ROUGET , à Lyon, sa facture du 22 janvier,
Payable à 3 mois, ou comptant, escompte 3 p. °/₀,

8 p. de soie, ensemble 320 mètres, à fr. 5 » .... | 1600 | » |

du 1er idem.

AVOIR BRUAND, à Rouen, s/ facture du 27 janvier,
Payable comptant,

30 p. de calicot, ensemble 1200 mètres, à fr. » 60.......... | 720 |

du 5 idem.

AVOIR VINCENT, à Bordeaux, s/ facture du 25 janvier,
Payable à 3 mois,

| 12 hectolitres de vin de Bordeaux, à fr. 120 » | 1440 | » | | |
| 2 barriques de sucre, 1000 kilogrammes , à fr. 1 65 | 1650 | » | 3090 | » |

du 12 idem.

AVOIR BONIN , à Paris. s/ facture de ce jour,
Payable comptant, escompte 3 p. °/₀,

5 p. de drap noir, ensemble 200 mètres , à fr. 18 » .... | 3600 | » |

du 12 idem.

AVOIR VINON, à Bercy, s/ facture de ce jour,
Payable comptant,

10 hectolitres de vin de Bordeaux, à fr. 115 » .... | 1150 | » |

du 22 idem.

AVOIR VINCENT, à Bordeaux, s/ facture du 10 courant,
Payable comptant,

| 1 barrique de sucre de 550 kilogrammes. à fr. 1 20 | 660 | » | | |
| 4 hectolitres vin de Bordeaux , à fr. 110 » | 440 | » | 1100 | » |

Total des Achats du mois de Février............ | 11260 | » |

RÉCAPITULATION.

Achats du mois de Janvier...............................	16105	30
Achats du mois de Février..............................	11260	»
Total général des Achats, égal à l'addition générale des Doits des comptes de March^ses G^les, de Vin de Bordeaux et de Sucre...	27365	30

Du Livre de Ventes.

Le Livre de Ventes, comme le Livre d'Achats et la plupart des livres auxiliaires, est si simple et si facile à tenir que nous nous contenterons d'y inscrire les ventes qui figurent à la main courante, certains que nous sommes que le lecteur le comprendra sans explications.

Ce livre est la copie des factures que nous faisons à nos acheteurs; ainsi le premier article n'est que la répétition de la facture ci-dessous que nous avons dû donner à Raimond.

DOIT : M. RAIMOND, à Paris,
A MUNIER, à Paris, rue ..... N° ...

1844. Janvier.	8	6 p. de drap bleu, ensemble 240 mètres à fr. 22 ».	5280	»

Les autres articles reproduisent les autres factures.

LIVRE DE VENTES.

du 8 janvier 1844.		
DOIT RAIMOND, à Paris, ma facture,		
Payable comptant,		
6 p. drap bleu, ensemble 240 mètres, à fr. 22 »	5280	»
du 9 idem.		
DOIT GONOT, à Paris, m/ facture,		
Payable en s/ billet à 90 jours,		
20 p. de calicot, ensemble 720 mètres, à fr. » 75	540	»
du 10 idem.		
DOIT LORIOT, à Paris, m/ facture,		
Payable comptant,		
5 p. de soie, ensemble 225 mètres, à fr. 8 25	1856	25
du 15 idem.		
DOIT BARRAUX, à Lyon, m/ facture,		
Payable à 3 mois,		
2 p. drap vert, ensemble 70 mètres, à fr. 15 »	1050	»
du 16 idem.		
DOIT LOGEOTTE, à Paris, m/ facture,		
Payable en 18 p. de stoff,		
5 p. de soie, ensemble 225 mètres, à fr. 9 »	2025	»
du 22 idem.		
DOIT MARTIAL, à Fontainebleau, m/ facture,		
Payable en m/ mandat à vue,		
5 hectolitres de vin de Bordeaux, à fr. 210 »	1050	»
Total des Ventes du mois de Janvier...........	11801	25
du 1er février 1844.		
DOIT LORIOT, à Paris, m/ facture,		
Payable comptant,		
18 p. de stoff, ensemble 810 mètres, à fr. 3 20	2592	»
Reporté..............	2592	»

Report............	**2592**	»

du 1er février 1844.

DOIV¹ PERNOT et Cⁱᵉ, à Paris, ma facture,
Payable comptant,
2 p. de drap vert, ensemble 70 mètres, à fr. 14 » .... | **980** | » |

du 3 idem.

DOIT RAIMOND, à Paris, m/ facture,
Payable comptant,
25 p. rouennerie, ensemble 1125 mètres, à fr. 2 » 2250 »
2 hectolitres vin de Bordeaux, à fr. 215 » 430 » | **2680** | » |

du 10 idem.

DOIT CAISSE, m/ vente au comptant,
5 p. rouennerie, ensemble 210 mètres, à fr. 1 60 .... | **336** | » |

du 12 idem.

DOIT GÉRIN, à Paris, m/ facture,
Payable comptant, ou en valeurs à courte échéance,
20 p. rouennerie, ensemble 800 mètres, à fr. 1 40 1120 »
10 p. id., ensemble 420 id., 1 60 672 » | **1792** | » |

du 14 idem.

DOIT FATOUDET, à Paris, m/ facture,
Payable en valeurs à 3 mois,
6 hect. vin de Bordeaux, à fr. 150 ».... 900 » } 1625 »
5 id. , 145 ».... 725 » }
1 barr. sucre de 500 kil. à fr. 1 90 .... 950 » | **2575** | » |

du 16 idem.

DOIV¹ MARCHᵉᵉˢ chez CORNUT, m/ envoi de ce jour,
En commission chez Cornut, à Paris,
30 p. de calicot, ensemble 1200 mètres, à fr. 0 60 720 »
5 p. de drap, ensemble 200 mètres, à fr. 18 » 3600 » | **4320** | » |

du 24 idem.

DOIV¹ ROUSSELOT jeune et Cⁱᵉ, à Paris, m/ facture,
Payable à 90 jours, ou comptᵗ, escompte 3 p. %,
1 barr. sucre de 500 kilogr., à fr. 2 10 1050 » } 1875 »
1 id. 550 id. 1 50 825 » }
6 hectol. vin de Bordeaux, à fr. 150 » » .... 900 » | **2775** | » |

Total des Ventes du mois de Février .... | **18050** | |

RÉCAPITULATION.

Ventes du mois de Janvier.............................	11801	25
Ventes du mois de Février.............................	18050	»
Total général des Ventes, égal à l'addition générale des Avoirs des comptes des March^ses G^les, de Vin de Bordeaux et de Sucre...	29851	25

Du Livre d'Entrée et de Sortie des Marchandises.

Ce livre n'est pas toujours possible; il n'est en usage que dans les maisons de gros. Les modèles varient suivant la nature des marchandises qu'on y inscrit; ainsi nous avons dû composer trois modèles différents pour la comptabilité qui nous occupe. Souvent on y ajoute une colonne pour l'escompte; et quand la nature du commerce auquel on se livre permet d'y ajouter une autre colonne pour les numéros, cela procure un moyen précieux de vérification qu'il est avantageux de ne pas négliger. Nous donnons, dans le volume d'exercices qui vient après celui-ci, un nouveau modèle de ce livre avec deux colonnes de plus, l'une pour l'escompte et l'autre pour les numéros.

Là où ce livre est possible, il fait connaître sur une même ligne l'entrée et la sortie des marchandises, le prix d'achat et le prix de vente, le nom du vendeur et celui de l'acheteur, et lorsque les cases sont vides à la sortie, cela indique que les marchandises sont encore en magasin.

Il va sans dire qu'on porte les marchandises à l'entrée à mesure qu'elles arrivent, et à la sortie à mesure qu'on les vend; mais comme les marchandises ne sortent pas toujours comme elles entrent, on est dans la nécessité de faire les cases assez grandes pour pouvoir écrire au besoin plusieurs lignes à la sortie en regard de l'entrée de chaque partie de marchandises.

Les modèles suivants en diront plus que tous les renseignements que nous pourrions donner; car nous croyons que pour faire comprendre un tableau il vaut mieux le mettre sous les yeux que de l'expliquer par des raisonnements.

LIVRES

D'ENTRÉE ET DE SORTIE

DES MARCHANDISES.

ENTRÉE.

DATE de l'entrée.	NOMBRE de pièces.	QUANTITÉ de mètres.	PRIX.		DÉSIGNATION.	NOM DU VENDEUR ou DE L'EXPÉDITEUR.	Sa demeure.	OBSERVATIONS.
1844 Janvier.	3	6	240	» 17 50	Drap bleu.	Cornet.	Paris.	
Janvier.	3	2	70	» 12 »	Drap vert.	Cornet.	Paris.	
Janvier.	4	20	720	» » 60	Calicot.	Bruand.	Rouen.	
Janvier.	5	10	450	» 6 50	Soie.	Rouget.	Lyon.	
Janvier.	16	18	810	2 50	Stoff.	Logeotte.	Paris.	
Janvier.	18	15	630	» 1 25	Rouennerie.	Daniel.	Rouen.	
Janvier.	20	2	70	» 15 »	Drap vert.	Barraux.	Lyon.	Retour.
Janvier.	22	20	800	» 1 10	Rouennerie.	Daniel.	Rouen.	
Janvier.	22	25	1125	» 1 60	Rouennerie.	Daniel.	Rouen.	
Février.	1	8	320	» 5 »	Soie.	Rouget.	Lyon.	
Février.	1	30	1200	» » 60	Calicot.	Bruand.	Ro en.	
Février.	12	5	200	» 18 »	Drap noir.	Bonin.	Paris.	
Février.	16	50	2000	» 1 25	Ét. de Roubaix.	Quinet.	Roubaix.	En commission.

SORTIE DES ÉTOFFES.

		SORTIE.						

DATE de la sortie.	NOMBRE de pièces	QUANTITÉ de mètres.		PRIX.		NOM DE L'ACHETEUR ou DU DESTINATAIRE.	Sa demeure.	OBSERVATIONS.
1844 Janvier. 8	6	240 »	» »	» 22	»	Raimond.	Paris.	
Janvier. 15	2	70 »	» »	» 15	»	Barraux.	Lyon.	
Janvier. 9	20	720 »	» »	» »	75	Gouot.	Paris.	
Janvier. 10	5	450 »	225 »	8 25		Loriot.	Paris.	
Id. 16	5		225 »	9 »		Logeotte.	Id.	
Février. 1	18	810 »	» »	3 20		Loriot.	Paris.	
Février. 10	5	630 »	210	1 60		Vte au comptant.		
Id. 12	10		420 »	1 60		Gérin.	Paris.	
Février. 1	2	70 »	» »	» 14	»	Pernot et Ce.	Paris.	
Février. 12	20	800 »	» »	» 1	40	Gérin.	Paris.	
Février. 3	25	1125 »	» »	» 2	»	Raimond.	Paris.	.
Février. 16	30	1200 »	» »	» »	80	Cornut.	Paris.	En commission.
Février. 16	5	200 »	» »	» 22	60	Cornut.	Paris.	En commission.
Fevrier. 24	50	2000 »	» »	» 1	25	Rousselot j^ne et Cie.	Paris.	

LIVRE D'ENTRÉE ET

ENTRÉE.						
DATE de L'ENTRÉE.	QUANTITÉ D'HECTOLITRES.	PRIX.	DÉSIGNATION.	NOM du VENDEUR.	DEMEURE.	OBSERVATIONS.
1844 Janvier. 16	7	165 »	Vin de Bordeaux.	Vincent.	Bordeaux.	
Février. 5	12 »	120 »	Vin de Bordeaux.	Vincent.	Bordeaux.	
Février. 12	10 »	115 »	Vin de Bordeaux.	Vinon.	Bercy.	
Février. 22	4 »	110 »	Vin de Bordeaux.	Vincent.	Bordeaux.	

LIVRE D'ENTRÉE ET

ENTRÉE.						
DATE de L'ENTRÉE.	NOMBRE DE BARRIQUES.	POIDS.	PRIX.	DÉSIGNATION.	NOM du VENDEUR.	DEMEURE. OBSERVATIONS.
1844 Février. 5	2	1000 »	1 65	Sucre de canne.	Vincent.	Bordeaux.
Février. 22	1	550 »	1 20	Sucre de betterave.	Vincent.	Bordeaux.

DE SORTIE DU VIN.

	SORTIE.					
DATE de LA SORTIE.	QUANTITÉ D'HECTOLITRES.		PRIX.	NOM de L'ACHETEUR.	DEMEURE.	OBSERVATIONS.
1844 Janvier. 22	7 »	5 » 210 »		Martial.	Fontainebleau.	
Février. 3		2 » 215 »		Raimond.	Paris.	
Février. 14	12 »	6 » 150 »		Fatoudet.	Paris.	
id. 24		6 » 150 »		Rousselot jne et Cie.	id.	
Février. 14		5 » 145 »		Fatoudet.	Paris.	

DE SORTIE DU SUCRE.

	SORTIE.						
DATE de LA SORTIE.	NOMBRE DE BARRIQUES.	POIDS.		PRIX.	NOM de L'ACHETEUR.	DEMEURE.	OBSERVATIONS.
1844 Février. 14	1	1000 »	500 »	1 90	Fatoudet.	Paris.	
Id. 24	1		500 »	2 10	Rousselot jne et Cie.	Id.	
Février. 24	1	550 »	» »	1 50	Rousselot jne et Cie.	Paris.	

Ce qu'on entend par Effets à Recevoir ou Traites et Remises.

Le commerçant donne le nom d'Effets à Recevoir ou de Traites et Remises à tout effet de commerce qu'il n'a pas souscrit ou accepté, qui passe par ses mains, et qu'il recevra ou dont il transfèrera la propriété à un autre par la voie de l'endossement, dont nous parlerons tout à l'heure.

Il y a des effets à recevoir de trois sortes : ce sont ou des Billets, ou des Lettres de change qu'on appelle plus communément Traites, ou des Mandats.

Du Billet à Ordre.

Un Billet à ordre est une promesse écrite de payer une somme à celui au profit de qui il est fait, ou à telle personne qu'il lui plaira de substituer à sa place. Le Code de commerce dit, article 188 : « Un » billet est daté. Il énonce : la somme à payer ; le nom de celui à l'ordre » de qui il est souscrit ; l'époque à laquelle le paiement doit s'effectuer ; » la valeur qui a été fournie en espèces, en marchandises, en compte, » ou de toute autre manière. » Voici le modèle du billet qui figure à la main courante, à la date du 9 janvier.

MODÈLE D'UN BILLET A ORDRE.

B. P. F. 540 ».

Au dix avril prochain je paierai, à l'ordre de monsieur Munier, la somme de *cinq cent quarante francs*, valeur reçue en marchandises.

Paris, le 9 janvier 1844.

GONOT.

Rue......... N°.....

NOTA. Si le billet n'était pas de la main du souscripteur, celui-ci devrait écrire au bas : *Bon pour la somme de.....,* en toutes lettres.

De la Lettre de Change ou Traite.

Le Code de commerce s'exprime ainsi, article 110, au sujet de la Lettre de change : « La lettre de change est tirée d'un lieu sur un autre.

» Elle est datée. Elle énonce : la somme à payer ; le nom de celui qui
» doit payer ; l'époque et le lieu où le paiement doit s'effectuer ; la
» valeur fournie en espèces, en marchandises, en compte ou de toute
» autre manière. Elle est à l'ordre d'un tiers ou du tireur lui-même.
» Si elle est par 1re, 2e, 3e, 4e, elle l'exprime. »

La Lettre de change ne devient un engagement pour celui sur qui
elle est tirée que lorsqu'il y a écrit : *accepté*, et qu'il a signé au-dessous de ce mot, et l'on dit alors qu'elle est revêtue de l'acceptation.
Souvent l'accepteur, pour être plus sûr que la somme ne sera pas al-
térée, écrit : *accepté pour la somme de*.......

La Traite est à échéance fixe, à vue ou à plusieurs jours de vue.
Dans ce dernier cas, l'acceptation est datée, et c'est de cette date que
partent les jours de vue ; c'est-à-dire que si la traite est à 3, 5 ou 8
jours de vue, elle est payable 3, 5 ou 8 jours après la date de l'acceptation. Si l'on ne datait pas l'acceptation, le porteur serait en droit de
faire courir les jours de vue à partir de la date de la traite.

Les commerçants entre eux se donnent avis des traites qu'ils tirent
les uns sur les autres, parce qu'elles ont toujours pour cause un règlement de facture ou de compte ; mais les banquiers n'avisent pas leurs
correspondants des traites qu'ils fournissent sur eux lorsqu'il s'agit de
petites sommes ; c'est pourquoi on a l'habitude de dire dans la rédaction de la lettre de change : *suivant avis de* ou *sans avis de*, et plus
souvent encore, *suivant ou sans autre avis de*. Nous prendrons pour
modèle la traite que nous avons tirée sur Bordeaux, à la date du
17 janvier. *Voyez la main courante.*

MODÈLE D'UNE LETTRE DE CHANGE OU TRAITE.

Paris, le 17 janvier 1844.   B. P. F. 1155   ».

Au quinze avril prochain il vous plaira payer, à l'ordre de monsieur Vincent, la somme de *onze cent cinquante-cinq francs*, valeur en
marchandises, que passerez suivant mon avis de ce jour.

MUNIER.

A Monsieur
SÉNAC, Négociant,
à Bordeaux.

Quand la traite est faite par 1re, 2e, 3e ou 4e, on l'exprime dans la rédaction ; on dit alors : *il vous plaira payer sur cette* 1re, 2e, 3e *ou* 4e *de change*, etc.

Nous n'expliquerons point ici les cas où la traite est faite par 1re, 2e, 3e ou 4e; ce serait anticiper sur ce que nous aurons à enseigner dans les volumes qui suivent celui-ci.

Nous voudrions contribuer à détruire une erreur si fréquente dans le petit commerce, qu'en la combattant on a l'air d'avancer un paradoxe ; nous voulons parler de l'interprétation de ces locutions : *valeur en marchandises, valeur reçue comptant, valeur en compte*, qui se trouvent dans le corps de la traite. Cette partie de la rédaction de la traite ne s'applique point à celui sur qui elle est tirée, mais bien, comme dans les billets, à celui à l'ordre ou au profit de qui elle est faite ; et ces autres locutions : *que passerez en compte, pour solde*, ou simplement *que passerez*, qui signifient, la première, dont vous passerez écritures en compte, la seconde, dont vous passerez écritures pour solde, et la troisième, dont vous passerez écritures sans autre indication ; ces locutions, disons-nous, se rapportent à celui sur qui la lettre de change est tirée. Ainsi, dans le modèle d'autre part, *valeur en marchandises*, se rapporte à Vincent, et *que passerez suivant mon avis*, s'adresse à Senac.

Du Mandat.

On appelle Mandat, dans le commerce, un écrit portant l'ordre de payer une certaine somme à la personne au profit ou à l'ordre de qui il est fait. Le mandat ne diffère en rien de la traite quant à la formule ; seulement il se fait sur papier libre et n'est pas acceptable. Il n'a donc point la force d'un effet de commerce et n'est point considéré comme valeur de banque, mais comme valeur de recouvrement. Le protêt d'un mandat entraînerait une amende, puisqu'il est sur papier mort ; c'est pourquoi ces effets portent presque toujours l'indication *sans frais*.

Nous donnons ci-après le modèle du mandat qui figure à la main courante dans l'article du 22 janvier.

MODÈLE D'UN MANDAT.

Paris, le 22 janvier 1844.   B. P. F. 1050 ».

A vue il vous plaira payer sur ce mandat, à l'ordre de monsieur Daniel, la somme de *mille cinquante francs*, valeur reçue en marchandises, que passerez pour solde de ma facture de ce jour.

MUNIER.

A Monsieur
Martial, marchand,
A Fontainebleau.

Du Besoin chez un tel.

On lit souvent sur un effet : *au besoin chez M.......* Cette locution sert à désigner la personne à laquelle le porteur doit recourir lorsque celle qui a souscrit ou accepté l'effet ne le paie pas. Souvent c'est un moyen d'assurer au cessionnaire le paiement de la somme ; entre banquiers c'est un moyen de se ménager un profit sur le compte de retour, ou au moins une provision pour intervention à défaut de paiement.

De l'Endossement.

Ecrire au dos d'un Billet, d'une Lettre de change ou d'un Mandat, l'ordre de payer à une autre personne la somme qui y est énoncée, s'appelle l'endosser. On endosse un effet lorsqu'on le cède à quelqu'un.

La loi s'exprime ainsi : « L'endossement est daté ; il exprime la » valeur fournie. Il énonce le nom de celui à l'ordre de qui il est » passé. »

Nous donnons pour modèle l'endossement du Mandat que nous avons remis à Vincent le 8 février. *Voyez la main courante.*

MODÈLE D'UN ENDOSSEMENT.

Payez à l'ordre de monsieur Vincent,
valeur en marchandises.

Paris, le 8 février 1844.

MUNIER.

Des Numéros que portent les Effets à Recevoir.

La première colonne du livre d'enregistrement des effets à recevoir dont nous allons parler est consacrée aux numéros d'ordre. Nous croyons que rien n'empêche de commencer la série de ces numéros par 100, par 1000, par 2000, car nous l'avons même vu faire partir du nombre 10001 ; mais la série une fois commencée, on doit la suivre au moins dans l'intervalle d'un inventaire à l'autre. Quant à nous, nous la prenons ici au n° 101, dans le but de ne pas laisser de confusion entre les numéros des effets à recevoir et ceux des effets à payer.

Chaque commerçant entre les mains de qui passe un effet, écrit sur cet effet, au milieu d'une empreinte portant son nom, ou simplement à la suite de ses initiales, le numéro d'ordre qu'il lui a donné au livre d'enregistrement.

Du Livre d'Enregistrement des Effets à Recevoir.

Ce livre devrait être tenu de manière qu'on pût au besoin s'en servir pour faire par duplicata un effet qui y aurait été porté, soit dans le cas où cet effet se serait perdu, soit pour tout autre motif. C'est pourquoi quelques maisons ont pris le parti de copier textuellement tous les effets qui leur passent par les mains avec les endossements qu'ils portent. C'est une bonne méthode; il serait à désirer qu'elle pût être adoptée dans toutes les maisons ; mais elle est rarement praticable à cause du temps qu'elle demande.

Nous allons donner le modèle d'un registre dont la réglure a généralement la préférence ; on y copie les effets à mesure qu'ils entrent. Ce livre renferme une colonne pour la sortie, que l'on remplit à mesure que les effets sont cédés ou encaissés. Les effets qui figurent à notre livre d'enregistrement des effets à recevoir sont, ainsi qu'on l'a déjà compris sans doute, ceux qui entrent dans la composition de la main courante, qui, comme nous l'avons dit, renferme à elle seule ce qui est porté dans tous les autres livres auxiliaires.

LIVRE D'ENREGISTREMENT

DES EFFETS A RECEVOIR.

LIVRE D'ENREGISTREMENT

NUMÉROS.	DATES.		CEDANTS.	LEUR VILLE.	NATURE DES EFFETS.	TIREURS ou SOUSCRIPTEURS.	LEUR VILLE.
	ENREGISTREMENT.						
101	1844 Janvier.	9	Gonot.	Paris.	B^et.	Gonot.	Paris.
102		17	Sénac.	Bordeaux.	T^te.	Moi.	————
103		22	Martial.	Fontainebleau.	Mand/.	Moi.	————
104	Février.	8	Raimond.	Paris.	B^et.	Ricord.	Paris.
105		»	Id.	Id.	T^te.	Raimond.	Id.
106		9	J. Siret père et fils.	Id	Mand/.	J. Siret père et fils.	Id.
107		»	Id.	Id.	B^et.	Cordier.	Màcon.
108		»	Id.	Id.	Id.	Goget.	Verdun.
109		12	Gérin.	Id.	Mand/.	Gérin.	Paris.
110		»	Id.	Id.	T^te.	Id.	Id.
111		14	Fatoudet.	Id.	B^et.	Simon.	Id.
112		»	Id.	Id.	Id.	Patin.	Id.
113		15	Maurice.	Id.	T^te.	Ricard.	Lyon.
114		»	Id.	Id.	Id.	Maurice.	Paris.
115		24	Rousselot j^ne et Cie.	Id.	Id.	Rousselot j^ne et Cie.	Id.
116		»	Id.	Id.	B^et.	Id.	Id.
117		26	Érotin.	Id.	Id.	Hénaux.	Id.

DES EFFETS A RECEVOIR.

DATE des EFFETS.		ORDRE.	ENDOSSEURS.	SUR QUI.	LIEU de PAIEMENT.	ÉCHÉANCES.		MONTANT des EFFETS.		SORTIE.		
										DATE.		A QUI CÉDÉ.
Janv.	9	M/ ord/.	——	Gonot.	Paris.	Avril.	10	540	»			
	17	Vincent.	——	Sénac.	Bordeaux.	Id.	15	1155	»	Janv.	17	Vincent.
	22	Daniel.	——	Martial.	Fontainebl.	A vue.	»	1050	»	Id.	24	Daniel.
	25	Raimond.	——	Ricord.	Paris.	Févr.	10	500	»	Févr.	10	Encaissé.
Fév.	8	M/ ord/.	——	Véron.	Bordeaux.	Avril.	10	500	»	Févr.	8	Vincent.
	5	J.Siret père et fils.	——	Fabre.	Amiens.	Mars.	31	700	»	Id.	10	Trullat.
Janv.	10	Ozanet.	Renaud p. et fils.	Cordier.	Mâcon.	Avril.	1	800	»	Id.	12	Vinon.
	18	J.Siret père et fils.	——	Goget.	Verdun.	Id.	5	664	85	Févr.	10	Trullat.
Fév.	10	Gérin.	——	Louvat.	Cambrai.	Févr.	15	700	»	Id.	12	Bonin.
	5	Id.	——	Rameaux.	Béziers.	Mars.	20	670	»	Id.	22	Vincent.
	5	Fatoudet.	——	Simon.	Paris.	Mai.	15	950	»	Févr.	17	Portel.
	12	Id.	——	Patin.	Id.	Id.	»	250	»	Id.	»	Id.
Janv.	15	Maurice.	——	Amiot.	Id.	Id.	10	1500	»	Id.	»	Id.
Fév.	15	M/ ord/.	——	Bouvier.	Lille.	Id.	20	1000	»	Id.	»	Id.
	24	Id.	——	Daniel.	Lyon.	Id.	25	1200	»	Id.	26	Érotin.
	»	Id.	——	Rousselot jne et Cie.	Paris.	Id.	,	2500	»			
	20	Érotin.	——	Hénaux.	Id.	Id.	»	1200	»			

Ce qu'on entend par Effets à Payer.

Le commerçant appelle Effets à Payer les billets qu'il a souscrits et les traites qu'il a acceptées. Un mandat n'est jamais un effet à payer, parce qu'un mandat n'est pas acceptable.

Il suit de là qu'on ne doit porter au compte d'effets à payer que les effets auxquels on a apposé sa signature pour en faire des engagements. Si l'on trouve que cette règle va sans dire, nous répondrons que nous n'aurions pas eu la pensée de la poser si nous n'eussions pas vu dans plusieurs traités de tenue des livres, des derniers publiés, des exemples de traites et de mandats portés au compte d'effets à payer sur un simple avis du tireur.

Du Livre d'Enregistrement des Effets à Payer.

Ce livre n'est en usage que dans les maisons où l'on souscrit beaucoup d'effets ; la plupart des commerçants se contentent du carnet d'échéances.

On comprendra, sans que nous le disions, que les numéros d'ordre qui figurent au livre d'enregistrement des effets à payer ne doivent point figurer sur les effets, comme ceux des effets à recevoir : ce serait une naïveté que d'indiquer aux autres le nombre de billets qu'on a souscrits et de traites qu'on a acceptées.

LIVRE D'ENREGISTREMENT DES EFFETS A PAYER.

Nos D'ORDRE	DATE de la confection.		NATURE des EFFETS.	ORDRE.	ÉCHÉANCES		MONTANT des effets.		OBSERVATIONS
1	Janvier.	4	Billet.	Bruand.	Mars.	25	432	»	
2		17	Id.	Sénac.	Avril.	5	1155	»	
3		19	Traite.	Daniel.	Id.	15	787	50	
4	Février.	8	Billet.	Vincent.	Juin.	5	1000	»	

Du Carnet d'Échéances des Effets à Recevoir.

Si nous donnons un modèle de ce livre, c'est plutôt parce qu'il se trouve dans la liste des livres auxiliaires qu'à cause de son utilité; car il a été depuis longtemps avantageusement remplacé par le portefeuille à douze poches. Ces douze poches portent chacune le nom d'un des mois de l'année; on met dans la poche sur laquelle est écrit *Janvier* les effets qui seront échus en janvier, dans la poche qui porte le nom de *Février* ceux qui seront échus en février, et ainsi des autres.

CARNET D'ÉCHÉANCES DES EFFETS A RECEVOIR.

DATE de L'ENTRÉE. MOIS.	DATES.	Nᵒˢ D'ORDRE.	SOUSCRIPTEURS ou ACCEPTEURS.	DOMICILE.	CÉDANTS.	ÉCHÉANCES.	MONTANT des EFFETS.	NÉGOCIÉ ou ENCAISSÉ.
Effets à Recevoir au mois de janvier 1844.								
Janv.	22	103	Martial.	Fontainebleau.	Martial.	vue.	1050	» Daniel.
Effets à Recevoir au mois de février 1844.								
Févr.	8	104	Ricord.	Paris.	Raimond	10	500	» Encaissé.
	12	109	Louvat.	Cambrai.	Gérin.	15	700	» Bonin.
Effets à Recevoir au mois de mars 1844.								
Févr.	9	106	Fabre.	Amiens.	J. Siret p. et f.	31	700	» Trullat.
	12	110	Rameaux.	Béziers.	Gérin.	20	670	» Vincent.
Effets à Recevoir au mois d'avril 1844.								
Janv.	9	101	Gonot.	Paris.	Gonot.	10	540	»
	17	102	Senac.	Bordeaux.	Senac.	15	1155	» Vincent.
Févr.	8	105	Véron.	Id.	Raimond.	10	500	» Id.
	9	107	Cordier.	Mâcon.	J. Siret p. et f.	1	800	» Vinon.
	»	108	Goget.	Verdun.	Id.	5	664 85	Trullat.
Effets à Recevoir au mois de mai 1844.								
Févr.	14	111	Simon.	Paris.	Fatoudet.	15	950	» Portel.
	»	112	Patin.	Id.	Id.	»	250	» Id.
	15	113	Amiot.	Id.	Maurice.	10	1500	» Id.
	»	114	Bouvier.	Lille.	Id.	20	1000	» Id.
	24	115	Daniel.	Lyon.	Rousselot jⁿᵉ et Cⁱᵉ.	25	1200	» Érotin.
	»	116	Rousselot jⁿᵉ et Cⁱᵉ.	Paris.	Id.	25	2500	»
	26	117	Hénaux.	Id.	Érotin.	25	1200	»

Du Carnet d'Échéances des Effets à Payer.

Ce livre est indispensable à tout commerçant qui tient à payer ses engagements à présentation, afin de se faire une bonne réputation dans le commerce et de consolider son crédit. Ceux qui n'ont pas un livre d'échéances pour les factures ajoutent une colonne au registre dont nous allons donner le modèle, et y inscrivent tous les paiements qu'ils ont à faire.

CARNET D'ÉCHÉANCES DES EFFETS A PAYER.

DATE de la CONFECTION. MOIS.	DATES.	Nos D'ORDRE.	NATURE des EFFETS.	ORDRE.	ÉCHÉANCES.	MONTANT des EFFETS.		OBSERVATIONS.
Effets à Payer au mois de janvier 1844.								
Effets à Payer au mois de février 1844.								
Effets à Payer au mois de mars 1844.								
1844 Janvier	4	1	Billet.	Brúand.	25	432	»	
Effets à Payer au mois d'avril 1844.								
Janvier	17	2	Billet.	Sénac.	5	1155	»	
	19	3	Traite.	Daniel.	15	787	50	
Effets à Payer au mois de mai 1844.								
Effets à Payer au mois de juin 1844.								
Février	8	4	Billet.	Vincent.	5	1000	»	

Du Livre de Caisse.

‹ ҁ livre est de la plus grande importance et demande à être tenu avec la plus sévère exactitude; car quelle que soit la ponctualité du caissier, pour peu que le mouvement de fonds soit considérable, il arrive presque toujours que la caisse présente du déficit à la fin de l'année.

Le Livre de Caisse, qui se tient par *Recette* et *Dépense* en partie simple, se tient par *Doit* et *Avoir* en partie double. On porte les recettes au doit, c'est-à-dire à la page gauche, et les paiements à l'avoir, c'est-à-dire à la page droite; et tous les jours, pour peu que les recettes et les dépenses soient nombreuses, ou au moins toutes les semaines, quand le maniement d'espèces est peu de chose, on additionne le doit et l'avoir de la caisse, et l'excédant du doit sur l'avoir exprime la quantité d'argent restant en caisse.

Ainsi dans le livre de caisse que nous avons établi ci-après sur notre main courante, nous voyons que la recette ou le doit de la première semaine s'élève à............................... fr. 10000 »

Et la dépense ou l'avoir à...................... 5115 »

Différence.................. 4885 »

Cette différence nous dit que nous devons trouver en caisse fr. 4885 ».

Après nous être assuré que cette somme est réellement dans notre caisse, nous portons la différence, qui prend le nom de balance, à l'avoir, afin qu'en faisant de nouveau l'addition du doit et de l'avoir, nous trouvions cette addition égale des deux côtés : c'est ce qu'on appelle balancer la caisse. La barre transversale que l'on voit au doit sert à remplir les lignes en blanc.

Puis, quand les additions sont faites, on tire une double barre au-dessous, et l'on rouvre la caisse à nouveau; en d'autres termes, on reporte au doit la balance qu'on vient de porter à l'avoir, avec la date du lendemain et cette indication : *Espèces en caisse*.

De cette manière il ne sera plus question pour le caissier des recettes ni des dépenses qui ont été faites jusqu'au 7 janvier exclusivement. Cela s'appelle faire la caisse.

Après avoir fait la caisse de la première semaine, et avoir porté à notre livre de caisse les recettes et les dépenses de la seconde semaine, nous faisons une nouvelle vérification au 13 janvier ; nous portons la différence à l'avoir pour balance , et, nos additions étant faites, nous rouvrons la caisse à nouveau , à la date du 14 janvier, et ainsi des autres semaines.

Nous ne cesserons pas de parler de la caisse sans insister encore sur l'utilité de la faire très-souvent, tous les jours dans les maisons un peu fortes ; c'est le seul moyen de ne pas s'exposer à avoir des déficits dont on ne pourrait plus trouver l'origine : les erreurs sont si faciles, si fréquentes, quand il y a un grand maniement d'espèces !

Doit.   CAISSE.

1844.				
Janvier.	1	M/ versement à la caisse...	10000	»
			10000	»
Janvier.	7	Espèces en caisse............................	4885	»
	8	Reçu comptant m/ facture à Raimond , à Paris..................	5280	»
	12	Reçu en espèces de Loriot, à Paris.....	185	25
			12021	25
Janvier.	14	Espèces en caisse...................................	8946	25
			8946	25
Janvier.	21	Espèces en caisse.....................................	835	45
	25	Reçu à la caisse de Portel , à Paris...............	1000	»
			1835	45
Janvier.	28	Espèces en caisse......................	835	45
			835	45

CAISSE.

Avoir.

1844.					
Janvier.	2	Acheté comptant un comptoir...............................		75	»
	3	Payé la facture de Cornet, à Paris...........................		5040	»
		Balance...................................		4885	»
				10000	»
Janvier.	11	Adressé en especes à Rouget, à Lyon.........................		2925	»
	13	Payé à m/ tailleur..		150	»
		Balance...................................		8946	25
				12021	25
Janvier.	15	Perdu ma bourse, contenant.............................		100	»
	»	Versé à la caisse de Portel, à Paris.....................		8000	»
	20	Port de marchandises renvoyées		10	80
		Balance.................................		835	45
				8946	25
Janvier.	27	Payé 6 mois de loyer par avance...........................		1000	»
		Balance...................................		835	45
				1835	45
Janvier.	29	Payé à Jourdain, à Paris..................................		72	»
	30	Dépenses de bouche de m/ ménage pend. le mois de janvier, 140 »		160	»
	»	Gages de m/ domestique............................... 20 »			
	31	Appointements de m/ commis.................... 125 »			
	»	id. de m/ garcon de magasin................. 87 50		229	»
	»	Ports de lettres du mois... .... 16 50			
		Balance.........................		374	45
				835	45

4

Doit. CAISSE.

1844. Février.	1	Espèces en caisse..	374	45
	5	Reçu de Pernot et Cⁱᵉ, à Paris	980	»
	»	Reçu à la caisse de Portel, à Paris........................	3000	»
	6	Reçu en espèces de Loriot, à Paris........................	2514	25
	8	id. de Raimond, à Paris.....................	1650	»
	10	id. de Trullat, à Paris, net de m/ bordereau........	1349	55
	»	Encaissé n° 104, échu ce jour.............................	500	»
	»	Vente au comptant de 5 p. rouennerie.....................	336	»
			10704	25
Février.	11	Espèces en caisse..	4670	»
	12	Reçu de Gérin, à Paris, pour solde de m/ facture de ce jour......	422	»
	14	Reçu de Fatoudet, à Paris, à valoir sur m/ facture de ce jour.....	375	»
	17	Reçu à la caisse de Portel, à Paris........................	1500	»
			6967	»
Février.	18	Espèces en caisse..	2172	55
	20	Reçu de Gérin, à Paris, en remboursement de s/ remise rendue...	701	40
	21	Reçu de Cornut, à Paris, p/ produit net de m/ marchˢᵉˢ en commᵒⁿ.	5370	40
	24	Reçu de Rousselot jⁿᵉ et Cⁱᵉ, à Paris, p/ solde de m/ facture de ce jour.	1527	75
			9772	10
Février.	25	Espèces en caisse..	8140	70
	26	Reçu d'Erotin, à Paris, pour bonification.....................	3	»
			8143	70
1844. Mars.	1	Espèces en caisse	7709	20

CAISSE.

Avoir.

1844. Février.				
5	A dressé à Daniel, à Rouen, par l'ad⁰ⁿ du chemin de fer.........		1630	»
»	*Id.* à Bruand, *id.* *id.*...................		720	»
6	*Id.* à Rouget, à Lyon, par les messageries générales.........		1552	»
9	Compté à J. Siret père et fils le net de leur bordereau............		2132	25
	Balance......................		4670	»
			10704	25
Février. 12	Payé à Bonin pour solde de sa facture de ce jour................		2792	»
15	Compté à Maurice, à Paris, à valoir sur son bordereau...........		1956	70
16	Payé le port des étoffes de Quinet.................... 45 »		45	75
»	*Id.* le pourboire du camionneur.................... » 75			
	Balance....................		2172	55
			6967	»
Février. 19	Payé à Maurice, à Paris, pour solde.........................		500	»
»	Remboursé à Bonin, à Paris, m/ remise sur Cambrai............		701	40
22	Adressé à Vincent, à Bordeaux, pour appoint............		430	»
	Balance		8140	70
			9772	10
Février. 29	Dépenses de bouche du ménage .... 150 »		170	»
»	Gages de ma domestique.................... .... 20 »			
»	Appointements de m/ commis................ 125 »	212 50		
»	*Id.* de m/ garçon de magasin...... 87 50		264 50	
»	Ports de lettres.................... 17 »	52 »		
»	2/12 échus des impôts et de la patente........ 35 »			
	Balance...........................		7709	20
			8143	70

Du Livre des Comptes Courants portant Intérêts.

L'étude des Comptes Courants portant intérêts exige avant tout une parfaite connaissance du calcul des intérêts ; elle est d'ailleurs si importante et les méthodes sont si variées que nos explications auraient pris trop d'espace et auraient trop ralenti la marche de cet ouvrage ; c'est pourquoi nous avons pensé qu'elle ne serait pas à sa place dans ce traité de tenue des livres ; nous avons préféré en faire un livre à part où nous nous sommes trouvé plus à l'aise pour traiter cette question.

Nous nous contenterons donc de donner ici le compte courant de Portel, établi suivant la méthode directe. Ceux de nos lecteurs qui ont déjà étudié les comptes courants le comprendront à première vue ; ceux au contraire qui ne se sont pas encore occupés de cette étude devront consulter notre livre intitulé : *Méthode de Comptes Courants portant intérêts.*

COMPTE COURANT

PORTANT INTÉRÊTS

COMPTE COURANT

DOIT. M. MUNIER , à Paris , s/ c^{te} c^t et d'intérêts à 5 p. % l'an , chez

1844.							
Janvier.	25	1000	»	Espèces........................	25 janvier.	35	35000
l'évrier.	5	3000	»	*Id*........................	5 février.	24	72000
	9	1542	30	Payé à Vincent	8 *Id.*	21	32382
	17	1500	»	Espèces........................	17 *Id*	12	18000
				Balance des nombres................	....		246454
		4645	80	Solde à nouveau.			
		11688	10				403836

PORTANT INTÉRÊTS.

PORTEL, à Paris, réglé au 29 février 1844. **AVOIR.**

1844.							
Janvier.	15	8000	»	S/ versement....................	15 janvier.	45	360000
Février.	17	3653	90	Net de s/ bordereau..............	17 février.	12	43836
		34	20	Int. à 5 p. °/₀ sur N/ 246454.			
		11688	10				403836
Mars.	1	4645	80	Solde à nouveau, val/.............	29 février.		

Sauf erreurs ou omissions.

Paris, le 29 février 1844.

PORTEL.

Du Livre des Commandes ou Commissions.

Les commissionnaires en marchandises ont un livre sur lequel ils tiennent note des commandes qu'on leur fait. Ce livre a ordinairement la forme du livre de copie de lettres. Ils y copient tout simplement les commandes telles qu'elles leur arrivent, en les faisant précéder du nom du correspondant qui les leur adresse, comme cela se fait dans le livre de copie de lettres dont nous allons parler ; et à mesure que les commandes sont remplies, ils écrivent en marge le folio du livre de ventes ou du journal où la commande a été portée lorsqu'ils en ont donné facture.

Le livre de copie de lettres peut servir de modèle de Livre des Commissions ; aussi nous dispenserons-nous d'en donner un autre modèle ; mais nous ferons remarquer que pour ce livre comme pour la plupart des livres auxiliaires, la forme et la réglure varient suivant la nature du commerce auquel on se livre.

Du Style des Lettres de Commerce.

Le style des lettres de commerce doit être extrêmement simple et concis, mais clair et débarrassé de toutes ces locutions barbares, *l'honorée vôtre, le blé est au beau*, etc., dont le ridicule a été du reste si bien senti qu'on ne les rencontre plus que dans la correspondance de ceux qui ne savent rien.

Il y a surtout certaines dispositions qui contribuent infiniment à la lucidité de la correspondance et à la facilité de passer les écritures que les lettres renferment. Ces dispositions consistent principalement dans des alinéas ménagés à propos pour faire ressortir les parties les plus importantes de la lettre, et dans l'arrangement des sommes, qui doivent venir se poser naturellement les unes sous les autres ou les unes à côté des autres, de manière que les opérations se fassent sans effort de rédaction. Ce que nous voulons dire sautera aux yeux quand on verra les quelques lettres que nous avons faites ci-après, et nous ne jugeons pas utile de nous étendre davantage sur ces dispositions, pour lesquelles il ne faut que du goût et de l'habitude. La rédaction que nous adoptons pour la main courante et pour le journal contribuera avantageusement à faire comprendre la rédaction des lettres de commerce.

Du Livre de Copie de Lettres.

Si nous donnons un modèle de Livre de Copie de Lettres, c'est plutôt pour avoir l'occasion de rédiger quelques lettres et pour être à même de composer un répertoire du livre de copie de lettres, et d'expliquer la manière dont il se tient, que pour indiquer la forme de ce livre généralement connue. Qu'on se souvienne néanmoins que c'est un des livres que la loi exige, et qu'il est indispensable d'y copier toutes les lettres que l'on écrit.

LIVRE DE COPIE DE LETTRES

1.

—————— du 15 janvier 1844. ——————

PARIS. | 0 | PORTEL, banquier.

J'ai reçu votre lettre d'hier.

J'y vois avec plaisir que vous êtes d'accord de m'ouvrir un compte courant portant intérêts à 5 p. °/₀ l'an réciproquement, et que vous vous chargerez de mes valeurs sur la province, au taux du tarif modifié que vous m'avez remis.

Je vous envoie, pour commencer nos rapports de commerce, une somme de

Fr. 8000 en espèces,

dont vous voudrez bien créditer mon compte et me donner avis de réception.

Je suis, etc.

—————— du 17 idem. ——————

BORDEAUX | 0 | VINCENT, négociant.

Je réponds à votre lettre du 5 courant.

J'ai reçu hier les vins que vous m'annonciez, et voici, suivant nos conventions,

Fr. 1155 sur Sénac, à Bordeaux, 15 avril,

dont vous créditerez mon compte pour solde de votre facture.

- Veuillez, je vous prie, m'envoyer le plus tôt que vous pourrez

12 hect. de votre vin de Bordeaux à fr. 120, et

2 barr. de beau sucre.

Pour le sucre, je m'en rapporte parfaitement à votre bon choix; toutefois je ne voudrais pas que le prix dépassât fr. 170 les 100 kilogrammes.

Agréez, etc.

2.

ROUEN. | 0 | DANIEL, fabricant.

J'ai reçu les marchandises que vous m'annonciez par votre lettre du 17 courant, et votre compte a été crédité de

Fr. 2680, montant de votre facture.

Voici à valoir

Fr. 1050, s/ Martial, à Fontainebleau, à vue, que vous voudrez bien porter à m/ crédit.

Je vous présente, etc.

du 24 idem.

PARIS | 1 | PORTEL, banquier.

Votre lettre du 15 courant m'accusait réception de fr. 8000.

Je vous prie de tenir à ma disposition

Fr. 1000, que je ferai prendre demain à votre caisse.

Recevez, etc.

du 28 idem.

ROUBAIX | 0 | QUINET, négociant.

En réponse à votre lettre du 23 courant, je viens vous dire que je me chargerai volontiers de la vente de marchandises de votre fabrique, moyennant 3 p. %, la commission d'usage.

A ces conditions je suis, Monsieur, tout à votre service; mais on vous a trompé en vous faisant espérer de trouver une bonne maison qui voulût s'en charger à 2 1/2 p. %.

Agréez, etc.

8.

——————— du 4 février 1844. ———————

PARIS.

PORTEL, banquier.

Ayez l'obligeance de tenir à ma disposition fr. 3000 dont j'aurai besoin demain.

Je, etc.

——————— du 5 idem. ———————

ROUEN. 2 | DANIEL, fabricant.

Je vous confirme ma lettre du 24 janvier dernier, et je vous donne avis que je viens de déposer à l'administration du chemin de fer un group à votre adresse de

Fr. 1630, que je porte à votre débit pour solde.

Je vous prie de m'aviser de la réception aussitôt qu'il vous sera parvenu.

Agréez, etc.

——————— du 8 idem. ———————

PARIS. 3 | PORTEL, banquier.

Veuillez prendre note que je viens de remettre à M. Simon, voyageur de la maison Vincent de Bordeaux, un bon sur votre caisse de

Fr. 1542 30, payable demain.

Et recevez, etc.

——————— du 17 idem. ———————

PARIS. 3 | PORTEL, banquier.

J'ai l'avantage de vous remettre ci-inclus :

fr. 1500 » s/ Paris, 10 mai — 83 j^{rs} — 17 fr. 30
    950 » ⎱ Id. 15 id. — 88 — 14 65
    250 » ⎰
  1000 » s/ Lille, 20 id. — 93 — 12 90

  3700 » ensemble.   44 85

    46 10 ⎱ 44 85 intérêts à 5 p. %.
        ⎰ 1 25 1/8 p. %, change de place
                  sur Lille.

  3653 90 net,

A.

dont il vous plaira créditer m/ compte valeur de ce jour.

Ayez la bonté de remettre au porteur, qui vous en donnera le reçu,

Fr. 1500 en espèces à mon débit.

Je suis, etc.

——————— du 24 février 1844. ———————

RUCBAIX. 2 | QUINET, négociant.

Je vous donne ci-dessous le compte de vente des étoffes que vous m'aviez adressées le 6 courant.

50 p., ensemble 200 m. à fr. 1 25   2500   »

A déduire :

Port.................. 45 75 ⎱
M/ commission à 3 p. %.. 75 » ⎰ 120 75

Net..... 2379 25

qui figurent au crédit de votre compte, et dont vous pouvez disposer sur moi à 90 jours.

Je, etc.

——————— du 29 idem. ———————

PARIS. 3 | PORTEL, banquier.

J'ai reçu m/ compte courant réglé chez vous, et présentant un solde en m/ faveur de

Fr. 4645 80, valeur de ce jour.

L'ayant trouvé exact, j'ai réglé mes écritures en conséquence.

Je vous présente, etc.

Du Répertoire du Livre de Copie de Lettres.

Le Répertoire du Livre de Copie de Lettres est, comme celui de la plupàrt des livres de commerce, disposé par ordre alphabétique ; la forme des répertoires est au reste si connue que nous n'avons pas cru devoir la décrire ni en donner un modèle.

On a pu remarquer que nous mettons un numéro en marge de chaque lettre que nous écrivons à un correspondant, excepté à la première, en marge de laquelle se trouve un zéro. Ce numéro sert à indiquer la page de la lettre qui l'a précédée, et a pour objet de faciliter les recherches qu'on a fréquemment à faire dans la correspondance ; le zéro veut dire que la lettre n'est précédée d'aucune autre. Au répertoire du livre de copie de lettres on porte à droite du nom du correspondant le numéro de la page de chaque lettre qu'on lui écrit, et en même temps qu'on inscrit le numéro de la page de la dernière lettre au répertoire, on porte le numéro de la page de la lettre précédente au livre de copie de lettres, en marge de la dernière.

Il résulte de cette manière de procéder qu'il suffit d'avoir la page de la dernière lettre pour trouver au livre de copie de lettres, successivement en allant de la plus récente à la précédente, toutes les lettres qu'on a écrites à tel ou tel. Supposons que le dernier nombre de mon répertoire, écrit à la suite du nom de Pierre, soit 20 ; j'ouvre le livre à la page 20, et j'y trouve la dernière lettre écrite à Pierre ; en marge de cette lettre est écrit le nombre 17 ; j'ouvre le livre à la page 17, et j'y trouve la lettre qui précède la dernière, celle de la page 20 ; en marge de la lettre de la page 17 figure le numéro de la page de la lettre précédente, et ainsi de suite. Cette manière d'établir le répertoire est extrêmement simple et d'une grande utilité. Nous allons donner le répertoire du livre de copie de lettres qui précède.

RÉPERTOIRE DU LIVRE DE COPIE DE LETTRES.

ROUEN.	DANIEL.	2, 3.
PARIS.	PORTEL.	1, 2, 3, 3, 3, 4.
ROUBAIX.	QUINET.	2, 4.
BORDEAUX.	VINCENT.	1.

LIVRES PRINCIPAUX.

Du Journal.

Voici le livre par excellence, celui que la loi prescrit comme le plus important et que le commerçant a le plus d'intérêt à bien tenir, parce qu'il renferme pour ainsi dire tous les autres. C'est aussi le seul avec le grand livre qui demande une étude sérieuse; encore ce dernier n'est-il qu'une copie du Journal, et exige-t-il plus d'exactitude que d'intelligence quand le premier est bien tenu.

Nous apporterons donc dans la composition et dans la rédaction de nos articles de journal un soin tout particulier, et nous nous attacherons surtout à donner une méthode intelligible à tous.

On exigeait encore, il y a quelques années, que le journal fût timbré. Les livres de commerce ne sont plus soumis à cette formalité; mais, ainsi qu'il est dit à l'article 10 du code de commerce que nous avons copié au commencement de ce volume, il doit être paraphé et visé une fois par année.

Voici la formule du visa que doit porter le Journal :

« Le présent registre contenant .... feuillets, devant servir de Li-
» vre Journal à ...., demeurant à ...., a été coté et paraphé par
» premier et dernier sur chacun desdits feuillets par nous, juge au tri-
» bunal de commerce du département de ...., séant à ......, (*ou par*
» *nous* maire *ou* adjoint), ce jour d'hui .... mil huit cent .... »

Ensuite vient l'enregistrement.

De la Rédaction du Journal.

Jusqu'ici tous ceux qui ont écrit sur la tenue des livres avaient négligé la rédaction du journal; ils ne s'étaient pas même donné la peine de présenter des formules régulières. Les plus anciens auteurs ne manquaient pas en motivant un article de commencer par ces mots: *pour autant que*, et le reste ne les inquiétait plus, cela venait sans ordre ni méthode; la plupart des nouveaux ont retranché *autant que*, mais ils ont invariablement conservé *pour;* quant au reste, ils ne s'en sont pas plus embarrassés que leurs devanciers : le même desordre, la même confusion règne dans leurs articles.

Pour nous, nous prendrons la chose plus au sérieux ; nous donnerons une rédaction simple et méthodique, telle que nous l'avons vue dans les maisons bien tenues, et nous ferons en sorte de la rendre facile à tout le monde. Nous expliquerons l'emploi de telle expression préférablement à telle autre ; le motif qui fait qu'on doit parler de telle chose avant telle autre chose : le but des alinéas, la cause pour laquelle telle ligne est plus ou moins avancée, et telle autre plus ou moins reculée ; et si nous arrivons à extirper la dernière racine des *pour autant que* et des *pour* tout court, dont nous avons toujours été l'ennemi juré, notre joie sera grande.

Notions indispensables sur la manière de passer les articles des Livres Auxiliaires ou de la Main Courante au Journal.

Nous avons déjà dit que le compte de Capital et les comptes qui en dérivent comme Profits et Pertes, Frais Généraux, Dépenses d'Atelier, Ouvriers, Dépenses Domestiques, etc., représentent le commerçant lui-même ; que le doit de ces comptes exprime son passif, et l'avoir son actif.

Nous avons dit qu'au contraire les comptes de Mobilier, de Caisse, de Marchandises de toutes sortes, d'Effets de toute nature, doivent être considérés comme des individus dépositaires des objets de commerce de la maison ; que le doit de ces comptes, à quelques considérations près, exprime l'actif du commerçant, et l'avoir son passif.

Puis, outre ces deux catégories de comptes qui constituent la partie double, nous en avons indiqué une troisième, celle des comptes des particuliers avec lesquels on fait des affaires à crédit.

Ce qui précède étant bien compris, nous donnerons à nos lecteurs les notions qui suivent.

Celui qui achette quelque chose et qui ne le paie pas le doit à celui qui le lui vend ; celui qui emprunte quelque chose le doit à celui qui le lui prête ; ou bien encore, celui qui reçoit quelque chose le doit à celui qui le lui fournit : enfin là où il y a un débiteur il y a aussi un créancier ; là où il y a un créancier il y a aussi un débiteur : tel **est**

sans doute le raisonnement qui a suggéré l'invention de la partie dou
ble. Et comme tous les comptes portent des noms d'individus ou de
choses personnifiées, on raisonne en parlant des comptes comme on
raisonnerait en parlant d'individus. On dit : le compte ou les divers
comptes qui reçoivent doivent au seul compte ou aux divers comptes
qui fournissent, comme on dirait : la personne ou les diverses personnes qui reçoivent doivent à la personne ou aux diverses personnes
qui fournissent.

Nous pouvons donc, si cela nous est avantageux pour la solution des
difficultés que présenteront les articles, nous aider des questions suivantes :

1° Quel est le compte qui *reçoit* quelque chose ?

2° Quel est le compte qui *fournit* quelque chose ?

La réponse à la première question nous fera connaître le compte
qu'il faudra *débiter*.

La réponse à la seconde question nous fera connaître le compte qu'il
faudra *créditer*.

Ces deux questions doivent être INVARIABLEMENT posées dans l'ordre
qu'elles ont ci-dessus, et c'est à l'aide de ces deux questions si simples
que nous allons passer tous les articles au journal. Mais quelle que soit
la simplicité du principe, on rencontre à l'application des cas plus em-
barrassants qu'on ne saurait le croire, puisque nous démontrerons bien-
tôt que les inventaires qu'on trouve dans certaines Méthodes de Tenue
des Livres fraîchement composées sont faux, parce que les auteurs
eux-mêmes se sont trompés en faisant l'application de leurs principes.

C'est pourquoi nous n'admettons point qu'on soit teneur de livres
après avoir passé quelques articles au Journal ; nous voulons, au contraire, qu'un élève s'exerce beaucoup sur des questions variées et dont
la difficulté aille toujours croissant. Telle est la pensée que nous allons
mettre en pratique.

Manière de passer les articles de a Main Courante ou des Livres Auxiliaires au Journal.

Nous allons prendre un à un les articles de la Main Courante pour
les raisonner et en faire des articles de Journal. Nous avons donné

aux premiers un numéro d'ordre que nous répétons ici, afin qu'on puisse plus facilement retrouver l'article à la Main Courante, et suivre la marche méthodique que nous avons adoptée dans la composition des articles. Mais ces numéros d'ordre, que nous employons pour notre utilité dans une comptabilité simulée, n'existent nulle part dans des livres sérieux. C'est à tort qu'ils ont été indiqués par d'autres comme numéros de rencontre avec les articles de Journal ; ils ne sont même guère possibles, car il arrive très-souvent que plusieurs articles de la Main Courante n'en font qu'un au Journal, ou qu'un seul article se divise en plusieurs. Aussi serons-nous obligé de suivre une nouvelle série de numéros d'ordre pour les articles du Journal, afin que nos lecteurs puissent y recourir plus facilement à la suite des explications que nous leur aurons données sur chaque article.

Quand un article est passé de la Main Courante au Journal, on l'indique en marge du premier livre, à côté de l'article, en écrivant l'abréviation J^{al} suivie du chiffre numéral de la page du Journal où il a pris une nouvelle forme. Les notes marginales de la Main Courante nous empêchent de faire usage de cette indication.

Rédaction raisonnée des Articles du Journal du mois de Janvier.

1. ——————— du 1er janvier 1844. ———————

Je verse dans ma caisse pour former m/ capital
une somme de..... .... 10000 »

1re QUESTION. Quel est le compte qui *reçoit* quelque chose?
RÉPONSE. C'est la CAISSE.
2e QUESTION. Quel est le compte qui *fournit* quelque chose?
RÉPONSE. C'est le commerçant représenté par le compte de CAPITAL.
C'est-à-dire que le compte de Caisse doit au compte de Capital une somme de 10000 fr.

Nous écrirons donc au Journal en sous-entendant le mot *doit :*
CAISSE   à CAPITAL,
M/ versement à la caisse.................... 10000 »
Voyez le Journal, art. 1er.

REMARQUE SUR LA DISPOSITION DE CET ARTICLE. La disposition qui nous a paru la plus claire pour les articles simples, c'est-à-dire d'un tel à un tel, est celle qui consiste à commencer la ligne avec le compte débiteur, et à placer le compte créditeur de manière que la dernière lettre aille toucher la colonne des chiffres. La rédaction qui vient ensuite pour motiver l'article doit être un peu rentrée, et d'une écriture menue, afin que les titres ressortent mieux.

2. ————————— du 2 janvier 1844. —————————

J'achette un comptoir que je paie comptant........ 75 »

Ire QUESTION. Quel est le compte qui *reçoit* quelque chose?
RÉPONSE. MOBILIER.
2e QUESTION. Quel est le compte qui *fournit* quelque chose?
RÉPONSE. CAISSE.

D'où il résulte que le compte de Mobilier doit au compte de Caisse une somme de 75 fr.

Nous écrirons donc au Journal en sous-entendant le mot *doit* :

MOBILIER   à CAISSE,
    Prix d'un comptoir....................... 75 »

Voyez le Journal, art. 2.

REMARQUE. Nous voyons figurer au compte de Mobilier des autres traités de tenue des livres des meubles de salon, des draps de lit, des chemises, des cuillers, des fourchettes, etc. Nous croyons que c'est un tort de parler de pareilles choses dans une tenue des livres destinée à faire connaître le résultat des opérations commerciales; si l'on veut s'occuper de semblables détails, cela doit se faire sur des livres à part, car ce ne sont point ces choses-là qui constituent votre capital commercial, qui contribuent à vous faire faire des bénéfices. Que vous ayez une belle pendule et de beaux candélabres, ce n'est point là ce qui intéresse votre tenue des livres : on ne doit, selon nous, porter au compte de mobilier que le mobilier nécessaire pour faire du commerce. Dans une société de deux ou de plus de deux, par exemple, viendra-t-il à l'esprit des associés d'inventorier leurs meubles particuliers?

3. ————————— du 3 janvier 1844. =========

Cornet, à Paris, me livre les march^{ces} *ci-dessous :*

6 p. drap bleu, ensemble 240 mètres à fr. 17 50	4200	»
2 id. vert, id. 70 id. 12 »	840	»
Total......	5040	»

Que je paie en espèces, ci...................... 5040 •

1re QUESTION. Quel est le compte qui *reçoit* quelque chose ?
RÉPONSE. **MARCHANDISES GÉNÉRALES.**
2e QUESTION. Quel est le compte qui *fournit* quelque chose ?
RÉPONSE. **CAISSE.**

Nous écrirons donc au Journal :

MARCH^{ses} GÉN^{les}   à CAISSE,

Facture de Cornet, à Paris...................... 5040 »

Comme beaucoup de maisons se contentent de conserver en bon ordre les factures de leurs vendeurs, et n'ont point de livre d'achats, nous avons dû motiver l'article de deux manières au Journal, et adopter la seconde formule destinée aux maisons qui tiennent un livre d'achats.

Voyez le Journal, art. 3 et 4.

4. ————————— du 4 idem. =========

J'ai acheté de Bruand, à Rouen, qui me les livre ce jour,

20 p. calicot, ensemble 720 mètres à 0 60 c.....	432	»
Et je lui remets en paiement,		
N° 1, m/ b^{et} à s/ ord/, 25 mars...................	432	»

1re QUESTION. Quel est le compte qui *reçoit* quelque chose ?
RÉPONSE. **MARCHANDISES GÉNÉRALES.**
2e QUESTION. Quel est le compte qui *fournit* quelque chose ?
RÉPONSE. **EFFETS A PAYER.**

Nous écrirons donc au Journal :

MARCH^{ses} GEN^{les}   A EFFETS A PAYER,

Facture Bruand, à Rouen.................. 432 »
Adressé en paiement,
N° 1, m/ b^{et} à s/ ord/, 15 mars...................... 432

OBSERVATIONS SUR LA MANIÈRE DE MOTIVER L'ARTICLE PRÉCÉDENT. Comme il y a ici échange d'objets de commerce, dont l'un n'est pas de l'argent, on devra porter à chacun des deux comptes au Grand Livre l'objet qui lui appartient : au compte de marchandises générales la marchandise, et au compte d'effets à payer le billet. Aussi, pour la clarté de l'article et pour la facilité de le porter au grand livre, avons-nous dû, en motivant l'échange, affecter une ligne à chaque objet échangé, et rentrer davantage la ligne explicative pour qu'elle ne soit pas confondue avec le reste de la rédaction.

Mais il pourrait arriver que Bruand eût un compte ouvert, et, dans ce cas, on devrait faire figurer l'achat à son avoir, et le paiement à son doit, ce qui nécessiterait les deux articles 5 et 6 que nous donnons pour modèles au Journal, avant de donner celui ci-dessus que nous adoptons.

Voyez le Journal, art. 5, 6 et 7.

5. ——————————— du 5 janvier 1844. ———————————

Je reçois de Rouget, à Lyon,
10 p. *de soie, ensemble 450 mètres à 'fr. 6 50...* 2925 »
Payables à présentation de sa facture, ci........... 2925 »

1re QUESTION. Quel est le compte qui *reçoit* quelque chose ?
RÉPONSE. **MARCHANDISES GÉNÉRALES.**
2e QUESTION. Quel est le compte qui *fournit* quelque chose.
RÉPONSE. **ROUGET.**

En effet, puisque nous avons reçu quelque chose sans rien donner en échange, il est clair que nous devons cette chose à la personne qui l'a fournie.

Nous écrirons donc au Journal :

MARCH^{ses} GÉN^{les}   A ROUGET, A LYON,
S/ facture... .. ..⌣ 2925 «

Voyez le Journal, art. 8.

8. ——————————— du 8 janvier 1844. ———————————

Je livre à Raimond, à Paris,
6 p. *drap bleu, ensemble* 240 *mètres à fr.* 22 » ... 5280 »

Et j'en reçois le prix en espèces, ci............... 5280 »

1ʳᵉ QUESTION. Quel est le compte qui *reçoit* quelque chose ?
RÉPONSE. **CAISSE.**
2ᵉ QUESTION. Quel est le compte qui *fournit* quelque chose ?
RÉPONSE. **MARCHANDISES GÉNÉRALES.**

Nous écrirons donc au Journal :

CAISSE **A MARCHⁱˢᵉˢ Gˡᵉˢ,**
M/ facture à Raimond, à Paris..................... 5280 »

Comme il pourrait arriver que la maison n'eût pas de livre de ventes, nous donnons au Journal, avant la rédaction ci-dessus, une autre formule qu'il faudrait alors adopter.

Voyez le Journal, art. 9 *et* 10.

7. ——————————— du 9 idem. ———————————

Je vends à Gonot, à Paris,
20 p. *de calicot, ensemble* 720 *mètres à* 0 75 c.. 540 »
Et Gonot me remet en paiement,
Nᵒ 101, s/ bᵉᵗ à m/ ord/, 10 *avril*................... 540 »

1ʳᵉ QUESTION. Quel est le compte qui *reçoit* quelque chose ?
RÉPONSE. **EFFETS A RECEVOIR.**
2ᵉ QUESTION. Quel est le compte qui *fournit* quelque chose ?
RÉPONSE. **MARCHANDISES GÉNÉRALES.**

Nous écrirons donc au Journal :

EFFETS A RECEVOIR **A MARCHⁱˢᵉˢ Gˡᵉˢ,**
Reçu de Gonot, à Paris,
Nᵒ 101, s/ bᵉᵗ à m/ ord/, 10 avril............... 540 »
En paiement de
M/ facture de ce jour.............................. 540 »

OBSERVATIONS SUR LA MANIÈRE DE MOTIVER L'ARTICLE PRÉCÉDENT. Après avoir écrit le titre d'un article de journal, on doit toujours, en le rédigeant, parler en premier ordre du compte qui a été nommé le premier. C'est pourquoi nous avons dans cet article renversé l'ordre de l'opération : le compte d'Effets à Recevoir ayant été nommé le premier, nous avons dû donner en premier lieu les détails qui regardent ce compte , et en dernier lieu ceux du compte de Marchandises Générales qui a été nommé le dernier.

Cette disposition a été adoptée pour deux motifs : le premier a été de fixer une marche régulière; le second, beaucoup plus important, a été d'avoir une méthode facile pour porter les articles du Journal au Grand Livre. De cette manière, celui qui est chargé de la tenue du Grand Livre n'est jamais embarrassé pour motiver chaque article puisqu'il sait d'avance que les premiers détails regardent le premier compte nommé, et que ceux qui viennent ensuite se trouvent au-dessous de chacun des comptes auxquels ils appartiennent. Cette rédaction parle aux yeux : on ne saurait croire combien elle abrége le travail de celui qui est chargé du Grand Livre.

On a dû remarquer encore que nous ne disons point *je reçois, je donne, j'achette, je vends*, etc., mais bien *reçu, donné, acheté, vendu:* l'emploi du participe passé est généralement en usage dans le style commercial, et donne à la rédaction une rapidité qui n'est nulle part plus désirable qu'en tenue des livres.

Mais si Gonot avait un compte ouvert sur nos livres, et qu'on désirât y faire figurer cette opération, il faudrait remplacer l'article ci-dessus par les articles 11 et 12 qui le précèdent au Journal.

Voyez le Journal, art. 11, 12 *et* 13.

8. ——————————   du 10 janvier 1844.   ——————————

Je vends à Loriot, à Paris,
5 p. *de soie, ensemble* 225 *mètres à fr.* 8 25....   1856 25
   Payables à présentation de m/facture, ci..........   1856 25

1ʳᵉ QUESTION. Quel est le compte qui *reçoit* quelque chose ?
RÉPONSE. LORIOT.
2ᵉ QUESTION. Quel est le compte qui *fournit* quelque chose ?
RÉPONSE. MARCHANDISES GÉNÉRALES

Nous écrirons donc au Journal :

LORIOT, A PARIS,   A MARCH.^{es} G.^{les},

M/ facture.. 1856 25

Voyez le Journal, art. 14.

9. —————————— du 11 janvier 1844. ——————————

J'envoie en espèces à Rouget, à Lyon, le montant de
sa facture dont j'ai reçu livraison le 5 courant, ci........ 2925 »

1re QUESTION. Quel est le compte qui *reçoit* quelque chose?
RÉPONSE. ROUGET.

2e QUESTION. Quel est le compte qui *fournit* quelque chose?
RÉPONSE. CAISSE.

Nous écrirons donc au Journal :

ROUGET, A LYON,   A CAISSE,

M/ envoi en espèces............................. 2925 »

Voyez le Journal, art. 15.

Nous lisons dans un Traité de Tenue des Livres pour motiver un paiement en espèces : *Fr...., payé audit en espèces sa facture du 26 du mois*
dernier, ... fr. ; et pour motiver une recette : *Fr..... reçu dudit en*
espèces pour paiement de 10 balles de laine à lui vendues le 17 du mois
dernier, ... fr.

Il faut bien se garder de revenir ainsi sans cesse inutilement sur ce
qui a été fait et dit. De quoi s'agit-il en pareille circonstance? d'une
recette ou d'un paiement : c'est là tout ce qu'il y a à dire. Tout ce
qu'on pourrait écrire de plus ne signifierait rien, et aurait le grave
inconvénient d'employer inutilement le temps du teneur de livres.

REMARQUE. Nous nous abstiendrons dorénavant, toutes les fois que
la nécessité ne s'en fera pas sentir, de donner ici la rédaction de chaque article, cette rédaction faisant double emploi avec celle du Journal. Si nous l'avons fait dans le commencement, c'était dans le but de
rendre plus faciles à saisir les premières explications que nous avions à
donner sur la manière de rédiger le Journal.

10. ——————— du 12 janvier 1844. ———————

Je fais recevoir chez Loriot, à Paris, le montant de
ma facture du 10 courant, ci...................... 1856 25

1re QUESTION. Quel est le compte qui *reçoit* quelque chose ?
RÉPONSE. CAISSE.
2e QUESTION. Quel est le compte qui *fournit* quelque chose ?
RÉPONSE. LORIOT.

Nous écrirons donc au Journal :
CAISSE   A LORIOT.
Voyez le Journal, art. 16.

11. ——————— du 13 idem. ———————

J'achette de Jourdain, à Paris, pour le chauffage de
m/ magasin,
2 stères de bois pour le prix de fr. 72, *payables comptant,*
c'est-à-dire à présentation de la facture, *ci*.............. 72 »

1re QUESTION. Quel est le compte qui *reçoit* quelque chose ?
RÉPONSE. FRAIS GÉNÉRAUX.
2e QUESTION. Quel est le compte qui *fournit* quelque chose ?
RÉPONSE. JOURDAIN.

Nous écrirons donc au Journal :
FRAIS GÉNÉRAUX   A JOURDAIN.
Voyez le Journal, art. 17.

12. ——————— du 13 idem. ———————

Je paie à mon tailleur une facture de............ 150 »

1re QUESTION. Quel est le compte qui *reçoit* quelque chose ?
RÉPONSE. DÉPENSES DOMESTIQUES.
2e QUESTION. Quel est le compte qui *fournit* quelque chose ?
RÉPONSE. CAISSE.

Nous écrirons donc au Journal :
DÉPENSES DOMESTIQUES   A CAISSE
Voyez le Journal, art. 18.

13. ———————— du 15 janvier 1844. ————————

J'ai perdu ma bourse, qui contenait 100 fr., ci....   100 »

1ʳᵉ QUESTION. Quel est le compte qui *reçoit* quelque chose?
RÉPONSE. **PROFITS ET PERTES.**
2ᵉ QUESTION. Quel est le compte qui *fournit* quelque chose?
RÉPONSE. **CAISSE.**

     Nous écrirons donc au Journal :

PROFITS ET PERTES   A CAISSE.
Voyez le Journal, art. 19.

REMARQUE. Nous ferons observer ici que le compte de Profits et Pertes, qui est une division du compte de Capital, est débité et crédité dans le cas où ce dernier serait débité ou crédité, c'est-à-dire *débité* quand le passif du commerçant augmente ou *quand il y a perte*, et *crédité* quand c'est son actif qui augmente ou *quand il y a profit*; en d'autres termes, le compte de Profits et Pertes *reçoit les Pertes* et *fournit les Profits*.

Ce que nous disons n'est du reste qu'une conséquence de ce que nous avons dit précédemment, à savoir : que le doit de Capital et de ses divisions exprime, avec l'avoir des autres comptes, la dette passive du commerçant; et qu'au contraire l'avoir de Capital et de ses divisions exprime, avec le doit des autres comptes, sa dette active.

Nous engageons nos lecteurs à ne pas passer légèrement sur cette observation, car nous avons toujours trouvé chez nos élèves quelque hésitation à résoudre les deux questions que nous posons, quand il s'est agi du compte de Profits et Pertes.

14. ———————— du 15 idem. ————————

J'adresse à Barraux, à Lyon,
2 *pièces de drap vert, ensemble* 70 *mètres à fr.* 15...... 1050 »

1ʳᵉ QUESTION. Quel est le compte qui *reçoit* quelque chose?
RÉPONSE. **BARRAUX.**
2ᵉ QUESTION. Quel est le compte qui *fournit* quelque chose?
RÉPONSE. **MARCHANDISES GÉNÉRALES.**

     Nous écrirons donc au Journal :

BARRAUX   A MARCHᵉˢ Gˡᵉˢ.
Voyez le Journal, art. 20.

15. ——————— du 15 janvier 1844. ———————

Je verse à la caisse de Portel, banquier à Paris, qui
m'ouvre un compte courant portant intérêts à 5 p. 0/0 l'an. 8000 »

1ʳᵉ QUESTION. Quel est le compte qui *reçoit* quelque chose ?
RÉPONSE. **PORTEL.**

2ᵉ QUESTION. Quel est le compte qui *fournit* quelque chose?
RÉPONSE. **CAISSE.**

Nous écrirons donc au Journal :

PORTEL   A CAISSE.

Voyez le Journal, art. 21.

16. ——————— du 16 idem. ———————

Je vends à Logeotte, à Paris,
5 p. de soie, ensemble 225 mètres à fr. 9......   2025 »
Et il me donne, en échange,
18 p. de stoff, ensemble 810 mètres à fr. 2 50......... 2025 »

1ʳᵉ QUESTION. Quel est le compte qui *reçoit* quelque chose ?
RÉPONSE. **MARCHANDISES GÉNÉRALES.**

2ᵉ QUESTION. Quel est le compte qui *fournit* quelque chose?
RÉPONSE. **MARCHANDISES GÉNÉRALES.**

Nous écrirons donc au Journal :

MARCHˢᵉˢ Gˡᵉˢ   A MARCHˢᵉˢ Gˡᵉˢ.

Mais comme il pourrait arriver qu'on désirât faire figurer l'opération au compte de la personne avec qui l'échange se fait, il faudrait
dans ce cas adopter la formule en deux articles qui précède au Journal
l'article 24 que nous avons indiqué ci-dessus.

Voyez le Journal, art. 22, 23 et 24.

Ajoutons ici qu'il ne serait point indifférent de rédiger l'article 24
du Journal autrement que nous l'avons fait, car le compte de marchandises reçoit le stoff et fournit la soie : c'est donc la facture de Logeotte
qu'il faudra porter au doit du grand livre, et la nôtre figurera à l'avoir.

Qu'on n'aille pas croire qu'on puisse se dispenser de faire ces sortes
d'articles au Journal par la raison que le crédit annule le débit, ou
que le débit annule le crédit : il est indispensable de porter au Journal
toutes les opérations que l'on fait ; et quand même la loi ne nous im-

poserait pas cette obligation, il n'en faudrait pas moins constater l'entrée de l'objet qu'on reçoit et la sortie de celui qu'on fournit.

17. ——————————— du 16 janvier 1844. ———————————

   Je reçois de Vincent, à Bordeaux,
7 hectolitres de vin de Bordeaux à fr. 165..... 1155 »

   Et, comme je veux me rendre un compte exact de mes
opérations sur le vin de Bordeaux, je le porte à un compte
particulier que j'appelle : Vin de Bordeaux, *ci*.......... 1155 »

1ʳᵉ QUESTION. Quel est le compte qui *reçoit* quelque chose ?
RÉPONSE. VIN DE BORDEAUX.

2ᵉ QUESTION. Quel est le compte qui *fournit* quelque chose ?
RÉPONSE. VINCENT.

     Nous écrirons donc au Journal :
VIN DE BORDEAUX   A VINCENT.
     Voyez le Journal, art. 25.

18. ——————————— du 17 idem. ———————————

   Ayant besoin de papier sur Bordeaux, je tire,
Nº 102, m/ traite o/ Vincent, s/ Sénac, 15 avril. 1155 »

   Et en donnant à Sénac avis de cette traite, je lui
adresse, pour le remplir de cette somme ,
Nº 2, m/ bᵉⁿ à s/ ord/, 5 avril..................... 1155 »

1ʳᵉ QUESTION. Quel est le compte qui *reçoit* quelque chose ?
RÉPONSE. EFFETS A RECEVOIR.

2ᵉ QUESTION. Quel est le compte qui *fournit* quelque chose ?
RÉPONSE. EFFETS A PAYER.

     Nous écrirons donc au Journal :
EFFETS A RECEVOIR   A EFFETS A PAYER.

Ou bien si nous voulons tenir note de l'opération au compte de Sénac, nous prendrons pour modèles les articles 26 et 27.
     Voyez le Journal, art. 26, 27 *et* 28.

REMARQUE. Ceux qui n'auraient pas compris tout de suite que le compte d'Effets à Recevoir *reçoit,* n'auraient pas une idée exacte d'un mandat ou d'une traite ; ils n'auraient pas encore vu clairement que tirer une traite ou un mandat sur un individu est l'équivalent de recevoir un billet de cet individu, tout au moins quant aux écritures. Ainsi, que nous fassions une traite sur Sénac ou que Sénac nous envoie son billet, cela n'est qu'une seule et même chose pour le teneur de livres.

19. ——————— du 17 janvier 1844. ———————

J'adresse à Vincent, à Bordeaux,
N° 102, sur Sénac, à Bordeaux, 15 avril............ 1155 4

1ʳᵉ QUESTION. Quel est le compte qui *reçoit* quelque chose ?
RÉPONSE. **VINCENT.**
2ᵉ QUESTION. Quel est le compte qui *fournit* quelque chose ?
RÉPONSE. **EFFETS A RECEVOIR.**

Nous écrirons donc au Journal :

VINCENT   A EFFETS A RECEVOIR.

Voyez le Journal, art. 29.

20. ——————— du 18 idem. ———————

Je reçois de Daniel, à Rouen, qui fera traite sur moi
à 3 mois pour le montant de sa facture,
15 p. rouennerie, ensemble 630 mètres à fr. 1 25...... 787 50

1ʳᵉ QUESTION. Quel est le compte qui *reçoit* quelque chose ?
RÉPONSE. **MARCHANDISES GÉNÉRALES.**
2ᵉ QUESTION. Quel est le compte qui *fournit* quelque chose ?
RÉPONSE. **DANIEL.**

Nous écrirons donc au Journal :

MARCHˢᵉˢ Gˡᵉˢ   A DANIEL.

Voyez le Journal, art. 30.

La mention de la traite que doit faire Daniel n'a aucune influence sur la manière de passer l'article au Journal ; c'est une chose qui viendra en son temps, si toutefois elle vient jamais ; mais on ne doit point, en comptabilité, faire des écritures sur des suppositions ou sur des promesses.

Nous voyons dans les autres méthodes de tenue des livres des écritures de traites et même de mandats faites sur un simple avis du tireur ;

nous ne saurions trop repousser de semblables innovations : une traite ne devient un effet à payer que par l'effet de l'acceptation qui lui donne force de billet ; un mandat n'étant pas acceptable, n'est jamais un effet à payer.

21. —————————— du 19 janvier 1844. ——————————

Daniel, à Rouen, me fait présenter, pour que je la revête de mon acceptation,

S/ traite à son ord/ sur moi, 15 avril, de...... 787 50

J'accepte cette traite, je la rends au porteur, et j'en fais écritures sous le N° 3 de mes effets à payer, ci......... 787 50

1ʳᵉ QUESTION. Quel est le compte qui *reçoit* quelque chose ?
RÉPONSE. DANIEL.
2ᵉ QUESTION. Quel est le compte qui *fournit* quelque chose ?
RÉPONSE. EFFETS A PAYER.

Nous écrirons donc au Journal :

DANIEL   A EFFETS A PAYER.

Voyez le Journal, art. 31.

22. —————————— du 20 idem. ——————————

Je reçois en retour les marchandises que j'avais adres-, sées à Barraux, à Lyon, le 15 courant, savoir :

2 pièces de drap vert ensemble 70 mètres à fr. 15......... 1050 »

1ʳᵉ QUESTION. Quel est le compte qui *reçoit* quelque chose ?
RÉPONSE. MARCHANDISES GÉNÉRALES.
2ᵉ QUESTION. Quel est le compte qui *fournit* quelque chose ?
RÉPONSE. BARRAUX.

Nous écrirons donc au Journal

MARCH^{ⁱˢ} G^{ⁱᵉˢ}   A BARRAUX.

Voyez le Journal, art. 32.

Cet article est l'inverse de celui que nous avons fait lors de notre envoi de marchandises, et cela doit être ainsi, puisque le retour annihile la vente.

23 ━━━━━━━━━ du 20 janvier 1844. ━━━━━━━

Je paie au roulage le port des marchandises que Bar-
raux, à Lyon, m'a renvoyées, ci...................... 10 8ª

1ʳᵉ Question. Quel est le compte qui *reçoit* quelque chose?
Réponse. **Marchandises générales.**
2ᵉ Question. Quel est le compte qui *fournit* quelque chose?
Réponse. **Caisse.**

Nous écrirons donc au Journal ·
Marchⁱˢᵉˢ Gˡᵉˢ   à CAISSE.

Voyez le Journal, art. 33.

Nous avons vu cet article passé de différentes manières.

Les uns débitent Frais Généraux, parce qu'ils ne comprennent pas
l'objet de chaque compte; ils ignorent sans doute que le compte des
frais de commerce doit être tenu de telle manière que, si le commerçant venait à vendre sa maison, il pût prouver à l'acheteur, par son
compte de frais généraux, quels sont les frais que son commerce en-
traîne; toute autre manière de le tenir est erronée. Et ce n'est certes
pas en y portant des frais de retour de marchandises qu'on se confor-
mera au principe que nous venons de poser et dont personne ne con-
testera la vérité.

D'autres en chargent le compte de Profits et Pertes, sans même se
demander si c'est là une perte; si en revendant cette marchandise on
n'en tirera pas encore un profit. Et quand bien même ce serait une
perte, elle ne devrait point pour cela être distraite du compte de Marchandises pour aller grossir la dette d'un autre compte, car alors le
compte de marchandises ne présenterait plus à l'inventaire le résultat
exact des opérations sur les marchandises.

Cette dépense doit donc être considérée comme une augmentation du
prix d'achat, et être portée, comme les achats, au doit de Marchandises
Générales.

24. ━━━━━━━━━ du 22 idem. ━━━━━━━

Je reçois d'envoi de Daniel, à Rouen, savoir :

20 p. *rouennerie, ensemble* 800 *mètres à fr.* 1 10.	880 »	}	2680 »
25 p. *idem* » 1125 *idem à fr.* 1 60.	1800 »	}	

1re QUESTION. Quel est le compte qui *reçoit* quelque chose?
RÉPONSE. MARCHANDISES GÉNÉRALES.
2e QUESTION. Quel est le compte qui *fournit* quelque chose ?
RÉPONSE. DANIEL.

Nous écrirons donc au Journal :

MARCH^{ses} G^{les}   A DANIEL.

Voyez le Journal, art. 34.

25. ———————— du 22 janvier 1844. ————————

Je vends à Martial, à Fontainebleau,
5 hectolitres de vin de Bordeaux à fr. 210. ...   1050   »

Et je me rembourse, en tirant sur Martial le mandat
ci-dessous que je mets en portefeuille :
N° 103, m/ mand/ o/ Daniel, à vue   1050   »

1re QUESTION. Quel est le compte qui *reçoit* quelque chose ?
RÉPONSE. EFFETS A RECEVOIR.
2e QUESTION. Quel est le compte qui *fournit* quelque chose?
RÉPONSE. VIN DE BORDEAUX.

Nous écrirons donc au Journal :

EFFETS A RECEVOIR   A VIN DE BORDEAUX.

Voyez le Journal, art. 37.

Mais si Martial était un de nos correspondants, et que nous voulus-sions faire figurer l'échange à son compte , nous adopterions les deux articles indiqués au Journal sous les numéros 35 et 36.

Nous ferons pour cet article la même remarque que nous avons faite en rédigeant l'article N° 18 de la Main Courante.

26. ———————— du 24 idem. ————————

J'adresse à valoir à Daniel, à Rouen,
N° 103, sur Fontainebleau, à vue   1050   »
1re QUESTION. Quel est le compte qui *reçoit* quelque chose ?
RÉPONSE. DANIEL.
2e QUESTION. Quel est le compte qui *fournit* quelque chose?
RÉPONSE. EFFETS A RECEVOIR.

Nous écrirons donc au Journal :

DANIEL   A EFFETS A RECEVOIR.

Voyez le Journal, art. 38.

2″. ——————————— du 25 janvier 1844. ———————

Je fais recevoir à la caisse de Portel, à Paris, mon banquier, une somme de........................... 100C •

1ʳᵉ QUESTION. Quel est le compte qui *reçoit* quelque chose ?
RÉPONSE. CAISSE.

2° QUESTION. Quel est le compte qui *fournit* quelque chose ?
RÉPONSE. PORTEL.

Nous écrirons donc au Journal :

CAISSE   A PORTEL.

Voyez le Journal, art. 39.

28. ——————————— du 27 idem. ———————

Ayant fait un bail du magasin que j'occupe, je paie 6 mois de loyer d'avance, ci...................... 1000 •

1ʳᵉ QUESTION. Quel est le compte qui *reçoit* quelque chose ?
RÉPONSE. LOYER PAYÉ PAR AVANCE.

2° QUESTION. Quel est le compte qui *fournit* quelque chose ?
RÉPONSE. CAISSE.

Nous écrirons donc au Journal :

LOYER PAYÉ PAR AVANCE   A CAISSE.

Voyez le Journal, art. 40.

OBSERVATION IMPORTANTE. Cet article demande explication. Tout le monde ne sait pas en province ce qu'on entend à Paris par payer six mois de loyer par avance ; voici ce que c'est. Comme les propriétaires de boutiques et de magasins seraient exposés à voir leurs locataires déménager clandestinement leurs meubles et leurs marchandises, ils ont la précaution d'exiger de ceux qui habitent le rez-de-chaussée principalement six mois de loyer d'avance. C'est une espèce de nantissement qu'ils se font donner et qu'ils conservent entre leurs mains jusqu'à la fin du bail, de sorte que les six derniers mois se trouvent payés dès le moment de la location. Mais cela n'empêche pas que le loca-

taire ne paie chaque terme de son loyer à mesure qu'il échoit, puisque l'argent qu'il a donné en garantie n'est imputable que sur le loyer
des six derniers mois qu'il occupera les lieux.

Il résulte de ce que nous venons de dire que la somme qu'on remet
au propriétaire en cette circonstance n'est point dépensée dès qu'on la
donne ; c'est un dépôt que l'on fait ; et cela est si vrai que si le loca-
taire vient à céder son bail à un autre, cet autre devra lui rendre l'argent qu'il aura ainsi donné. Enfin une somme ainsi employée doit
toujours figurer à l'actif du commerçant dont on tient les livres, et
c'est le propriétaire de la maison qui doit la somme qu'il a reçue, jusqu'à ce qu'elle lui soit acquise. Il faut donc en débiter son compte, ou
un autre compte spécial, comme nous l'avons fait.

Eh bien ! croirait-on que les auteurs de méthodes de tenue des livres
qui présentent cet exemple n'ont pas hésité à faire d'un pareil objet
un article de Frais Généraux, ou de Profits et Pertes, c'est-à-dire un
Passif au lieu d'un Actif ? Un entre autres, dans un ouvrage de 8 ou
900 pages, qui semblerait sérieux à la critique peu charitable qu'il
contient sur les autres méthodes, commence son journal modèle par
un semblable article de 1000 fr., sans se douter que cet article faux
produit à l'inventaire une erreur de 2000 fr.

29. ———————————— du 29 janvier 1844. ————————

Je paie en espèces à Jourdain, à Paris,
S/ facture de 2 stères de bois achetés le 13 courant   72   »

1ʳᵉ QUESTION. Quel est le compte qui *reçoit* quelque chose ?
RÉPONSE. JOURDAIN.
2ᵉ QUESTION. Quel est le compte qui *fournit* quelque chose ?
RÉPONSE. CAISSE.

           Nous écrirons donc au Journal :
JOURDAIN   A CAISSE.
           Voyez le Journal, art. 41.

30. ———————————— du 30 idem. ————————

Je porte en dépense :
Les dépenses de bouche de mon ménage pen-
dant le mois   140   »   160   »
Le mois de gages de ma domestique   20   »

1re QUESTION. Quel est le compte qui *reçoit* quelque chose ?

RÉPONSE. DÉPENSES DOMESTIQUES.

2e QUESTION. Quel est le compte qui *fournit* quelque chose ?

RÉPONSE. CAISSE.

Nous écrirons donc au Journal :

DÉPENSES DOMESTIQUES   A CAISSE.

Voyez le Journal, art. 42.

31. ——————————   du 31 janvier 1844.   ——————————

Je paie :

A m/ commis ses appointements de janvier..	125 »	
A m/ garçon de magasin, idem...........	87 50	229
Je porte en dépense		
Les ports de lettres du mois..............	16 50	

1re QUESTION. Quel est le compte qui *reçoit* quelque chose ?

RÉPONSE. FRAIS GÉNÉRAUX.

2e QUESTION. Quel est le compte qui *fournit* quelque chose ?

RÉPONSE. CAISSE.

Nous écrirons donc au Journal :

FRAIS GÉNÉRAUX   A CAISSE.

Voyez le Journal, art. 43.

——————————

Du Grand Livre.

Le Grand Livre, qu'on appelle encore quelquefois, mais très-rare-
ment, *Livre de raison* ou *Livre d'extrait*, est celui où le commerçant
porte tous ses comptes par *Doit* et *Avoir*. Le Grand Livre est le livre
du commerçant comme le Journal est le livre de la loi : l'utilité du
Grand Livre est tellement évidente que le législateur n'a pas même
cru devoir l'indiquer. Quiconque a un Journal, a aussi un Grand
Livre, et c'est ce dernier livre que le commerçant consulte sans cesse,
parce qu'il a besoin d'y lire à tout instant sa position avec ses correspondants. C'est dans ce livre qu'il voit s'il est temps de donner

lacture à l'un, s'il a employé son crédit chez un autre, s'il peut continuer encore à faire des remises à celui-ci, ou s'il doit attendre que celui-là l'ait couvert des remises qu'il lui a déjà faites pour lui en adresser de nouvelles.

Les comptes sont ouverts au Grand Livre sur un feuillet ou folio; à la page gauche figure le *Doit* ou le débit du compte; à la page droite, l'*Avoir* ou le crédit.

De la signification du Doit et de l'Avoir de chaque compte ouvert au Grand Livre.

Le compte de CAPITAL indique la position du commerçant à l'époque de l'inventaire. Le DOIT exprime sa dette passive, et l'AVOIR, sa dette active.

Presque toujours le compte de Capital se tient à part. Le commerçant se dispense de le faire figurer au Grand Livre, afin de n'avoir pas à craindre les investigations d'un commis indiscret, ou de toutes autres personnes qui se plaisent à s'ingérer dans les affaires d'autrui. Soit qu'on réussisse ou qu'on ne réussisse pas, on a toujours tort de s'exposer à laisser voir sa position.

Le DOIT du compte de MOBILIER, exprimant la dette de ce compte, indique la valeur du mobilier destiné au commerce; à l'AVOIR figure la dépréciation des meubles et le produit de ceux dont on dispose.

Au DOIT du compte de LOYER PAYÉ PAR AVANCE figure la somme qu'on a payée d'avance au propriétaire; on ne porte rien à l'AVOIR de ce compte qu'à l'expiration du bail, ou dans le cas où l'on sous-loue tout ou partie des lieux.

Au DOIT de CAISSE figure la recette; à l'AVOIR, la dépense; l'excédant du doit sur l'avoir exprime l'argent en caisse.

Le DOIT des comptes de MARCHANDISES exprime l'achat, et l'AVOIR, la vente. Si après avoir distrait les bénéfices de l'avoir, on retranchait le reste de l'avoir du doit, on aurait le prix coûtant des marchandises restant en magasin.

Le DOIT du compte d'EFFETS A PAYER est formé des billets et des traites qu'on a acquittés à mesure qu'on les paie; l'AVOIR se compose de l'importance des billets qu'on a souscrits et des traites qu'on a acceptées à mesure qu'on les donne.

Au Doit d'Effets a recevoir figurent les effets que l'on reçoit à mesure qu'ils entrent; à l'Avoir figurent les effets que l'on donne à mesure qu'ils sortent.

Le Doit de Profits et Pertes exprime les pertes qu'on a faites en négociant des effets, les intérêts qu'on a payés pour argent emprunté ou pour espèces reçues avant le terme convenu, le solde des comptes des débiteurs qui sont devenus insolvables, etc.; l'Avoir exprime les profits qu'on a faits en escomptant des effets, les intérêts provenant d'argent prêté ou de paiement fait par anticipation, ou autres bénéfices résultant de causes analogues. Au moment de l'inventaire, on réunit à ce compte tous les profits et toutes les pertes des comptes qui ont produit du bénéfice ou de la perte, comme marchandises, frais généraux, dépenses domestiques, etc.; et c'est la balance du compte de Profits et Pertes qui sert à grossir l'avoir ou le doit de Capital.

Le Doit de Frais généraux provient des dépenses occasionnées par le commerce auquel on se livre, telles que loyers *échus*, chauffage, éclairage, appointements de commis, frais de bureau, etc.; l'Avoir se compose des frais dans lesquels on rentre.

Le Doit de Dépenses Domestiques est formé des prélèvements que l'on fait sur les bénéfices présumés pour nourriture, entretien, et autres dépenses qui ne sont point faites dans l'intérêt du commerce, mais bien pour des besoins personnels ou de famille; il n'existe guère d'Avoir à ce compte que dans un cas analogue à celui que nous venons d'indiquer pour le compte de frais généraux.

Le Doit du compte de Loyer a Payer est composé du loyer échu qui n'est pas payé au moment de l'inventaire, et l'Avoir résulte du paiement de ce loyer.

Le Doit des comptes des Correspondants exprime leur dette, ce qu'ils ont reçu en marchandises, en espèces, en valeurs de portefeuille ou autrement; l'Avoir exprime leur créance, ce qu'ils ont fourni en marchandises, en espèces, en valeurs de portefeuille ou autrement.

Le Compte de Divers est ouvert pour ceux qui n'ont qu'une dette ou une créance momentanée, auxquels on ne veut pas ouvrir un compte particulier.

De l'Ordre dans lequel les comptes sont ouverts au Grand Livre.

Capital, lorsqu'il figure au Grand Livre, occupe le premier folio; viennent ensuite Mobilier, Loyer Payé par Avance, qui n'est guère susceptible de varier, Caisse, Marchandises Générales et ses divisions, Effets à Payer, Effets à Recevoir, Profits et Pertes, Frais Généraux, Dépenses Domestiques et leurs divisions, le Compte de Divers, et enfin les comptes des Correspondants avec lesquels on suppose qu'on fera des affaires.

Du Répertoire du Grand Livre.

Le Répertoire du Grand Livre est, comme celui du livre de copie de lettres et de la plupart des autres registres, établi par ordre alphabétique. Chaque lettre a une, deux ou trois pages, suivant qu'elle se trouve plus ou moins fréquemment au commencement des noms propres.

A mesure qu'on ouvre un compte au Grand Livre, on le porte au répertoire, à la lettre par laquelle il commence, en le faisant précéder du domicile si c'est le compte d'un particulier, et suivre du chiffre numéral du feuillet où il a été ouvert; et lorsque le compte change de folio parce qu'il n'y a plus de place à celui où il était ouvert, ou pour toute autre cause, on inscrit les nouveaux folios de suite, à droite du premier.

Le répertoire étant bien tenu, on y trouve en un clin d'œil les folios du Grand Livre où les comptes sont ouverts, et cela est d'une grande utilité.

De la manière d'indiquer au Journal, en marge de chaque article, avant de le porter au Grand Livre, les Folios où les comptes sont ouverts.

Il y a plusieurs manières d'indiquer les Folios du Grand Livre en marge des articles du Journal; nous adoptons, comme la plus facile à comprendre, la disposition sur deux colonnes. Nous mettons dans la première les folios des comptes débiteurs, et dans la seconde ceux des comptes créanciers. Rien n'est plus facile à faire.

Prenons pour exemple le premier article du Journal :

CAISSE   A CAPITAL.

Nous cherchons au répertoire du Grand Livre les folios de ces deux comptes, et nous écrivons au Journal, dans la première colonne, le folio 2 du compte débiteur Caisse , et dans la seconde le folio 1 du compte créditeur Capital, comme suit :

| 2 | 1 | CAISSE   A CAPITAL.

Prenons encore pour exemple le second article :

MOBILIER   A CAISSE.

Dans la première colonne nous écrivons le folio 1 du compte débiteur Mobilier, et dans la seconde le folio 2 du compte créditeur Caisse, comme suit :

| 1 | 2 | MOBILIER   A CAISSE.

Et ainsi des autres.

Manière de porter les articles du Journal au Grand Livre.

Le premier article à porter au Grand Livre est celui-ci :

du 1ᵉʳ janvier 1844.

| 2 | 1 | CAISSE   A CAPITAL,
| | | Mon versement à la caisse. . . . . 10000 »

Le numéro 2, à gauche de l'article, indique qu'il faut ouvrir le Grand Livre au folio 2 pour y trouver le compte de Caisse; et comme ce folio 2 est placé dans la première colonne, cela veut dire qu'il faut le porter au doit de ce compte.

Nous écrirons donc au Doit de Caisse au Grand Livre :

1844.
Janvier. | 1ᵉʳ | à CAPITAL, m/ versement en espèces . . . . . . | 1 | 1 | 10000 »

Nous avons à expliquer la signification des deux numéros qui figurent dans les deux colonnes qui précèdent la somme. Le premier est le numéro de la page du Journal où l'article a été passé. Le second est le folio du Grand Livre où est ouvert le compte créditeur Capital. On appelle cette seconde colonne la colonne des folios de rencontre, parce qu'au Doit d'un compte elle indique le folio du compte créditeur de la somme qui y est portée, et à l'Avoir elle indique au contraire le folio du compte débiteur. Nous n'avons du reste fait figurer cette dernière colonne à notre Grand Livre que pour ne point innover, car elle n'y fait ni bien ni mal ; depuis vingt ans que nous pratiquons la tenue des livres, nous n'avons pas encore eu l'occasion de nous en servir une fois ; si nous avons eu souvent besoin de nous éclairer sur un article, c'est au Journal que nous avons toujours dû demander les renseignements qu'il nous fallait.

Après avoir débité le compte de Caisse au Grand Livre, on met un point à côté et à droite du folio de Caisse qui figure au Journal ; ce point indique que le compte est débité au Grand Livre.

Le second numéro à gauche de l'article du Journal signifie qu'il faut ouvrir le Grand Livre au folio 1 pour y trouver le compte de Capital, et comme ce folio 1 est placé dans la seconde colonne, cela veut dire qu'il faut le porter à l'avoir de ce compte.

Nous écrirons donc à l'Avoir de Capital au Grand Livre :

1844.								
Janvier.	1ᵉʳ	par CAISSE,	m/ versement en espèces....		1	2	10000	»

Et après avoir crédité le compte de Capital au Grand Livre, on met aussi un point à côté et à droite du folio de Capital ; ce point indique que le compte est crédité au Grand Livre.

Le deuxième article à porter au Grand Livre est celui-ci :

du 2 janvier 1844.

1	2	MOBILIER	A CAISSE,
		Prix d'un comptoir.....................	75 »

Le numéro 1, à gauche de l'article, indique qu'il faut ouvrir le Grand Livre au folio 1 pour y trouver le compte de Mobilier, et comme ce folio 1 est placé dans la première colonne, cela veut dire qu'il faut le porter au doit de ce compte.

Nous écrirons donc au Doit de Mobilier au Grand Livre :

1844.							
Janvier.	2	à CAISSE,	prix d'un comptoir.........		1	2	75 »

Après avoir débité le compte de Mobilier au Grand Livre, on met un point à côté et à droite du folio de Mobilier; ce point signifie que le compte est débité au Grand Livre.

Le numéro 2, à gauche de l'article, indique qu'il faut ouvrir le Grand Livre au folio 2 pour y trouver le compte de Caisse, et comme ce folio 2 est placé dans la seconde colonne, cela veut dire qu'il faut le porter à l'avoir de ce compte.

Nous écrirons donc à l'Avoir de Caisse au Grand Livre :

| 1814. Janvier. | | 2 | p ar MOBILIER, | prix d'un comptoir ..... | | 1 | 1 | 75 | » |

Et après avoir crédité le compte de Caisse au Grand Livre, on met un point a côté et à droite du folio de Caisse; ce point signifie que le compte est crédité au Grand Livre.

Nous ajouterons aux explications ci-dessus qu'on ne répète pas le mois ni l'année tant qu'ils ne changent pas, et qu'au lieu de répéter à chaque ligne les mots à et par, qui précèdent les comptes créditeurs et les comptes débiteurs, on se contente de les remplacer par un guillemet.-

En voyant notre Grand Livre le lecteur se convaincra qu'il n'y a aucune difficulté à porter au Grand Livre des articles bien rédigés au Journal. Cependant il nous reste encore à dire qu'au Compte de Divers, pour ne pas changer la réglure du Grand Livre, on a l'habitude de ne pas indiquer au doit le compte créditeur, ni à l'avoir le compte débiteur. On écrit tout de suite après la date le nom du Compte Débiteur au Doit, et le nom du Compte Créditeur à l'Avoir. Il y a nécessité de faire ainsi ; en effet les différents articles qui y sont portés regardant différents correspondants, il faut bien faire figurer le nom de chacun d'eux à chaque article, pour être à même de s'y reconnaître.

Lorsque les articles se balancent, on l'indique, ainsi que nous l'avons fait, par la lettre S , qui veut dire soldé.

Ce Compte de Divers, qu'on appelle aussi Compte de Débiteurs et de Créanciers Divers, est tenu d'une manière si embrouillée dans le petit nombre de traités de tenue des livres où il en est question, que nous engageons le lecteur à se familiariser avec notre méthode, qui est la plus simple et la plus suivie.

Quand le doit et l'avoir des autres comptes se balancent comme celui de Barraux, on tire des barres au-dessous des sommes ou des additions, ainsi que nous avons fait, et cela indique qu'il n'y a plus à y revenir.

Comme nous ne voyons plus de renseignements à donner sur la manière de porter au Grand Livre les articles simples, nous engageons le lecteur à suivre les articles du Journal du mois de janvier, et à voir comment nous les avons tous portés au Grand Livre.

De la Balance de Vérification

Faire séparément l'addition de toutes les sommes portées au débit et au crédit de chaque compte du Grand Livre qui ne solde pas, et réunir dans deux colonnes ces additions partielles pour en faire deux totaux qui se balancent, c'est-à-dire qui soient égaux entre eux, c'est ce qu'on appelle faire la Balance.

Cette balance sert à prouver que tous les articles ont été exactement portés du Journal au Grand Livre, mais elle ne prouve pas, comme le croient volontiers les élèves, qu'il n'existe point d'erreur au Journal. Une balance juste ne dit pas non plus qu'on ait bien passé les articles des livres auxiliaires au Journal, ou qu'on n'en ait point omis. On doit donc, avant de faire sa balance, s'assurer qu'il n'existe point d'erreur ou d'omission du genre de celles que nous venons d'indiquer.

Tous les mois, s'il est possible, on doit faire une balance de vérification.

Moyen à employer pour trouver la Balance juste.

Si après avoir additionné les sommes du débit et du crédit de la balance, on trouve une différence dans les totaux, c'est qu'il y a eu erreur en portant les articles du Journal au Grand Livre, ou qu'il existe au Journal même quelque erreur dans le corps d'un article. Mais ce dernier cas ne se présente guère que dans les articles de divers, où il peut arriver que les sommes partielles ne fassent pas la somme totale.

Supposons pour un instant que les additions du débit et du crédit de la balance du mois de janvier ne soient pas égales. Nous nous assurerons :

1° Qu'il y a autant de folios en marge de chaque article du Journal qu'il y a de comptes débiteurs ou créditeurs dans l'article;

2° Qu'il y a, à droite de chaque folio, le point qui indique que l'article est porté au Grand Livre;

3° Que les sommes partielles, s'il y a des articles de divers, sont égales à la somme totale;

4° Que chaque somme est exactement portée au Grand Livre, en *pointant* chaque article.

Avant d'expliquer ce dernier moyen de vérification, nous dirons un mot d'une autre ressource indiquée dans toutes les autres méthodes, comme étant la meilleure, nous voulons parler de l'addition du journal. Ce serait abuser le lecteur que de lui donner ce moyen de vérification, dont il ne pourrait pas se servir dans la pratique. Pour qu'il fût praticable, il faudrait que la comptabilité d'une maison ne fût pas plus considérable que les comptabilités simulées qu'on donne pour modèles dans les méthodes; il faudrait que le teneur de livres n'eût pas à chaque instant des comptes à solder, ou qu'il se résignât à porter à la balance tous les comptes soldés, même dans l'intervalle d'un inventaire à l'autre, au risque d'employer quelques mains de papier de plus à sa balance et de compliquer infiniment ses additions. Et pourquoi tout cela? Pour chercher à sa balance des additions pareilles à celles du Journal. Mais cela n'est d'aucune utilité; et quand bien même ce moyen de vérification serait si précieux, l'avantage qu'il offre ne serait-il pas compensé par un autre inconvénient fort grave, celui des erreurs dans les additions du Journal? Mille causes produisent ces erreurs : une somme mal portée, mal disposée, résultant elle-même d'une fausse addition dans un article, un article faux, une dizaine mal retenue, et voilà le grand échafaudage renversé. Et si une seule erreur, et, à plus forte raison, dix, vingt, cinquante erreurs se produisent dans l'intervalle de deux inventaires, que deviendra le pauvre teneur de livres avec ses additions, surtout s'il tient à se conformer à la loi qui défend les surcharges et les ratures au Journal?

Nous n'approuvons donc pas l'addition du Journal; une longue expérience nous a prouvé qu'il en résulte beaucoup d'inconvénients, et qu'elle ne présente aucun avantage.

Il faut conclure de ce que nous venons de dire que nous ne portons pas à la balance les comptes dont le Doit et l'Avoir sont égaux.

Ce qu'on entend par Pointer.

Pointer, en terme de tenue des livres, signifie vérifier si, en portant les parties de chaque article du Journal au Grand Livre, il n'y a eu ni erreur de chiffre, ni omission, ni fausse position, et marquer d'un point fait au crayon chaque article vérifié.

Cette opération se fait ordinairement à deux ; l'un tient le Journal et l'autre le Grand Livre. Le premier dit au dernier les comptes et les sommes du Journal, et celui-ci répète les sommes à mesure qu'il les trouve justes au Grand Livre. Et c'est quand le dernier a répété la somme que chacun d'eux met un point, le premier au Journal, à gauche du folio, le second au Grand Livre, à gauche de la somme.

Prenons pour exemple le premier article. Celui qui tient le Journal dit : folio 2, caisse, doit, 10000 fr., et l'autre répète 10000 fr.; puis l'un et l'autre font un point. Alors le premier poursuit : folio 1, capital, avoir, 10000 fr., et le second répète 10000 fr.; puis l'un et l'autre font un nouveau point. Et ainsi des autres articles.

Il est bon de remarquer que quand on est à un compte qui a beaucoup d'articles, comme Caisse, Marchandises, Effets à Recevoir, etc., on épuise tous les articles qui y sont portés avant de s'occuper d'un autre compte.

Des Soldes.

Quand la balance est trouvée juste, on cherche ce qu'on appelle les Soldes ; on compare l'addition du débit avec l'addition du crédit de chaque compte, on en fait la différence et l'on porte cette différence au Doit si le Doit est plus fort que l'Avoir, à l'Avoir si l'avoir est plus fort que le Doit.

Outre que ces soldes expriment l'argent en caisse, les valeurs en portefeuille, les billets et les traites acceptées en circulation, les frais de commerce, les dépenses de ménage, les profits ou les pertes qui ne viennent pas du compte de marchandises générales, ces soldes font

encore connaître la position de la maison avec chaque correspondant.
Il va sans dire que les additions du débit et du crédit des soldes doivent se balancer ; car quand plusieurs sommes partielles donnent des totaux égaux, les différences partielles donnent aussi des totaux égaux.

BALANCE AU 31 JANVIER 1844.

FOLIOS du Grand Livre.	COMPTES OUVERTS AU GRAND LIVRE.	ADDITIONS.		SOLDES.	
		DOIT.	AVOIR.	DOIT.	AVOIR.
1	Capital...............	» »	10000 »	» »	10000 »
»	Mobilier..............	75 »	» »	75 »	» »
»	Loyer Payé par Avance....	1000 »	» »	1000 »	» »
2	Caisse............ ...	18136 25	17761 80	374 45	» »
3	Marchandises Générales...	14950 30	10751 25	4199 05	» »
»	Vin de Bordeaux........	1155 »	1050 »	105 »	» »
5	Effets à Payer..........	» »	2374 50	» »	2374 50
»	Effets à Recevoir........	2745 »	2205 »	540 »	» »
6	Profits et Pertes.	100 »	» »	100 »	» »
»	Frais Généraux.........	301 »	» »	301 »	» »
»	Dépenses Domestiques ...	310 »	» »	310 »	» »
8	Portel, à Paris..........	8000 »	1000 »	7000 »	» »
9	Daniel, à Rouen........	1837 50	3467 50	» »	1630 »
		48610 05	48610 05	14004 50	14004 50

Rédaction raisonnée des Articles du Journal du mois de Février.

32. ——————— du 1ᵉʳ février 1844. ———————

Je vends ce qui suit aux suivants :
A Loriot, à Paris,
  18 pièces de stoff, ensemble 810 m. à fr. 3 20..   2592 »
A Pernot et Cⁱᵉ, à Paris,
  2 p. de drap vert, ensemble 70 m. à fr. 14....   980 » }   3572 »

1ʳᵉ QUESTION. Qui est-ce qui *reçoit*?
RÉPONSE. LORIOT et PERNOT ET Cⁱᵉ.
2ᵉ QUESTION. Qui est-ce qui *fournit*?
RÉPONSE. MARCHANDISES GÉNÉRALES.

On pourrait donc écrire :

d'une part, LORIOT   A MARCHˢᵉˢ Gˡᵉˢ.
et de l'autre part, PERNOT ET Cⁱᵉ   A MARCHˢᵉˢ Gˡᵉˢ,

ainsi que nous l'avons fait au Journal sous les numéros 44 et 45, pour rendre l'article suivant plus intelligible; mais on a une méthode plus abréviative qui consiste à réunir les deux articles en un seul de cette manière :

DIVERS   A MARCHˢᵉˢ Gˡᵉˢ,
LORIOT, A PARIS,
  M/ facture............................ 2592 »
PERNOT ET Cⁱᵉ, A PARIS,
  M/ facture........................ 980 » 3572 »

Voyez le Journal, art. 46.

33. ——————— du 1ᵉʳ idem. ———————

J'achette des suivants, savoir :
De Rouget, à Lyon,
  8 pièces de soie, ensemble 320 mètres à fr. 5 ».   1600 »
De Bruand, à Rouen,
  30 p. calicot, ensemble 1200 m. à fr. » 60.   720 » }   2320 »

1re QUESTION. Qui est-ce qui *reçoit?*
RÉPONSE. **MARCHANDISES GÉNÉRALES.**
2e QUESTION. Qui est-ce qui *fournit?*
RÉPONSE. **ROUGET** et **BRUAND.**

On pourrait donc écrire :

d'une part, MARCH^{ses} G^{les}   A ROUGET,
et de l'autre part, MARCH^{ses} G^{les}   A BRUAND,

ainsi que nous l'avons fait au Journal sous les numéros 47 et 48,
pour rendre l'article suivant plus intelligible; mais nous userons de
la méthode abréviative que nous avons indiquée en rédigeant l'article
qui précède, et nous écrirons :

MARCH^{ses} G^{les}   A DIVERS,
A ROUGET, A LYON ,
  S/ facture............................ 1600 »
A BRUAND, A ROUEN,
  S/ facture .... 720 » 2320 »

Voyez le Journal, art. 49.

34. ——————   du 3 février 1844.   ——————

  Je livre à Raimond, à Paris :
25 p. rouennerie, ensemble 1125 mètres à fr. 2 ». 2250 »⎫
2 hectolitres de vin de Bordeaux à fr. 215 ».   430 »⎬ 2680 »

1re QUESTION. Qui est-ce qui *reçoit?*
RÉPONSE. **RAIMOND.**
2e QUESTION. Qui est-ce qui *fournit?*
RÉPONSE. **MARCHANDISES GÉNÉRALES** et **VIN DE BORDEAUX.**

Nous écrirons donc au Journal :

RAIMOND, A PARIS,   A DIVERS,
A MARCH^{ses} G^{les},
  25 p. rouennerie........................ 2250
A VIN DE BORDEAUX,
  2 hectolitres........................ 430 » 2680 »

Voyez le Journal, art. 50.

Je reçois d'envoi de Vincent, à Bordeaux :

12 *hectolitres de vin de Bordeaux à fr.* 120 ». 1440 »}
2 *barriques de sucre, ens.* 1000 *kil. à fr.* 1 65. 1650 »} 3090 »

NOTA. J'ouvre un compte de SUCRE afin de pouvoir connaître plus facilement le résultat de mes opérations sur le sucre.

1re QUESTION. Qui est-ce qui *reçoit ?*
RÉPONSE. VIN DE BORDEAUX et SUCRE.
2e QUESTION. Qui est-ce qui *fournit ?*
RÉPONSE. VINCENT.

Nous écrirons donc au Journal :

DIVERS   A VINCENT,
VIN DE BORDEAUX...............
SUCRE...........................

Voyez le Journal, art. 51.

Je fais recevoir :
Chez Pernot et Cie, à Paris, ma facture du
1er *courant*............................... 980 »}
A la caisse de Portel, m/ banquier......... 3000 »} 3980 »

1re QUESTION. Qui est-ce qui *reçoit ?*
RÉPONSE. CAISSE.
2e QUESTION. Qui est-ce qui *fournit ?*
RÉPONSE. PERNOT ET Cie et PORTEL.

Nous écrirons donc au Journal :

CAISSE   A DIVERS,
A PERNOT ET Cie....................
A PORTEL..........................

Voyez le Journal, art. 52.

37. ——————— du 5 février 1844. ———————

J'adresse, par l'administration du chemin de fer, aux
suivants, qui sont convenus de payer le port :
A Daniel, à Rouen,
  Un group de........................ 1630 »⎫
A Bruand, à Rouen,   ⎬ 2350 »
  Un group de........................ 720 »⎭

1ʳᵉ QUESTION. Qui est-ce qui *reçoit?*
RÉPONSE. **DANIEL** et **BRUAND.**
2ᵉ QUESTION. Qui est-ce qui *fournit?*
RÉPONSE. **CAISSE.**

          Nous écrirons donc au Journal :

DIVERS   **A CAISSE.,**
DANIEL........ ....
BRUAND........................

          Voyez le Journal, art. 53.

38. ——————— du 6 idem. ———————

Loriot, à Paris, me paie comme suit m/ facture du 1ᵉʳ *C²:*
En espèces........................ 2514 25⎫
Escompte 3 p. °/o .... 77 75⎭ 2592 »

1ʳᵉ QUESTION. Qui est-ce qui *reçoit?*
RÉPONSE. **CAISSE,** *une partie de la somme due,* et **ESCOMPTES ET**
RABAIS, *l'autre partie.*
2ᵉ QUESTION. Qui est-ce qui *fournit?*
RÉPONSE. **LORIOT.**

          Nous écrirons donc au Journal :

DIVERS   **A LORIOT.**
CAISSE.........................
ESCOMPTES ET RABAIS..........

          Voyez le Journal, art 54.

Notre manière de passer les articles où il y a abandon ou prélève-
ment d'escompte sur les marchandises s'éloignant de la méthode indi-

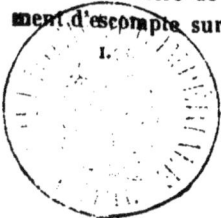

I.   7

quée dans les autres traités de tenue des livres, nous devons dire ce qui nous a déterminé à adopter la marche que nous suivons.

Ce que nous portons à Escomptes et Rabais, nos devanciers le portent tous à Profits et Pertes. Reste à savoir si un escompte sur une facture peut être considéré comme un profit ou comme une perte. Voyons-le dans ce cas-ci. Nous avions acheté du stoff à fr. 2 50 le mètre; nous l'avons vendu fr. 3 20; et aujourd'hui nous allouons un escompte de 3 p. 0/0 sur le prix de vente. Cet escompte est-il donc une perte? Non. Dès lors il ne faut pas le porter à Profits et Pertes.

De même si j'achette pour 100 fr. de marchandise, et que j'obtienne un escompte ou un rabais de 3, 4 ou 5 fr., en résultera-t-il que j'aurai gagné 3, 4 ou 5 fr. sur cette marchandise? Mais non. On ne réalise un bénéfice, on n'éprouve une perte que lorsqu'on a vendu la marchandise achetée. Puisque cet escompte ou ce rabais n'est pas un profit, il ne faut pas le porter à Profits et Pertes.

Et lors même que l'escompte serait un profit ou une perte, il ne faudrait pas pour cela le porter à Profits et Pertes avant l'inventaire, afin de savoir au juste à cette époque ce qu'on a gagné sur les marchandises.

Mais qu'est-ce donc que l'escompte? Une diminution du prix d'achat pour l'acheteur, et une diminution du prix de vente pour le vendeur.

Or, quand l'escompte a lieu au moment de l'achat ou de la vente, il ne faut, à moins de circonstances particulières, porter au compte de marchandises que le prix net, *escompte déduit*, d'achat ou de vente. Et s'il a lieu plus tard, lorsque le prix brut figure déjà au compte de marchandises, il faut le passer au compte de marchandises, afin de diminuer ainsi le prix d'achat ou le prix de vente, ou mieux encore en faire un compte à part, ainsi que nous venons d'en donner l'exemple, et considérer ce compte à part comme une division du compte de marchandises.

Les cas où l'escompte sur les marchandises doit être considéré comme un intérêt d'argent sont peu fréquents; cela arrive surtout lorsqu'ayant des espèces, on les utilise en devançant un paiement, ou lorsqu'ayant besoin d'argent, on accepte un paiement par anticipation sous déduction d'escompte. Quand ces cas-là se présenteront, ce sera l'occasion de passer l'escompte à Profits et Pertes, parce que cet escompte ne sera autre chose qu'un intérêt d'argent prêté.

39. ———————— du 6 février 1844. ————————

J'adresse à Rouget, à Lyon, par les Messageries générales ,

En espèces..............................	1552 »	
Je retiens		1600 »
L'escompte à 3 p. %.....................	48 »	

1re QUESTION. Qui est-ce qui *reçoit?*
RÉPONSE. **ROUGET.**
2e QUESTION. Qui est-ce qui *fournit?*
RÉPONSE. **CAISSE**, *une partie de la somme*, et **ESCOMPTES ET RABAIS**, *l'autre partie.*

Nous écrirons donc au Journal :

ROUGET   A DIVERS,
A CAISSE........................
A ESCOMPTES ET RABAIS........

Voyez le Journal, art. 55.

40. ———————— du 8 idem. ————————

Raimond, à Paris, me paie comme suit :

N° 104, b^{et} Ricord, à Paris, 10 *février.* 500 »			
» 105, *s/ t^{te} sur Véron, à Bordeaux,*	1000 »	2680 »	
10 *avril.* .... 500 »			
En espèces............................	1650 »		
Rabais	30 »		

1re QUESTION. Qui est-ce qui *reçoit?*
RÉPONSE. **EFFETS A RECEVOIR, CAISSE** et **ESCOMPTES** et **RABAIS.**
2e QUESTION. Qui est-ce qui *fournit?*
RÉPONSE. **RAIMOND.**

Nous écrirons donc au Journal :

DIVERS   A RAIMOND,

EFFETS A RECEVOIR.............

CAISSE.... ....

ESCOMPTES ET RABAIS ....

Voyez le Journal, art. 56.

41. ──────────   du 8 février 1844.   ──────────

Je règle avec le voyageur de Vincent, à Bordeaux, sa facture comme suit :

N° 4 , m/ b^{et} à s/ ord/ , 5 mai. .... 1000 »
N° 105, s/ Bordeaux, 10 avril .... 500 »
Un bon sur la caisse de Portel, m/ banquier. 1542 30   3090 »
Escompte 3 p. °/₀ sur fr. 1590 » 47 70

1re QUESTION. Qui est-ce qui *reçoit?*
RÉPONSE. VINCENT.

2e QUESTION. Qui est-ce qui *fournit?*
RÉPONSE. EFFETS A PAYER, EFFETS A RECEVOIR, PORTEL , **&**
ESCOMPTES ET RABAIS.

Nous écrirons donc au Journal :

VINCENT   A DIVERS,

A EFFETS A PAYER..................

A EFFETS A RECEVOIR.............

A PORTEL ....

A ESCOMPTES ET RABAIS............

Voyez le Journal , art. 57.

42. ──────────   du 9 idem.   ──────────

J'escompte à J. Siret, père et fils, à Paris, le borde- reau ci-dessous :

N° 106, l/ m/ s/ Favre, à Amiens, 31 mars .... 700 »
» 107, b^{et} Cordier, à Mâcon, 1er avril ...... 800 »
- ·98 . J^t Goget, à Verdun, 5 idem 664 85

Ensemble 2164 85

Je compte à J. Sirel, père et fils,

En espèces 2132 25

    Je leur retiens :

Intérêts à 6 p. % (1) .... 19 10 ⎱
                                      32 60 2164 85

Com^on et change de place 5/8 p. % ..... 13 50 ⎰

Avant de passer cet article au journal, il n'est pas inutile d'expliquer ici la différence qu'il y a entre *escompter* et *négocier* des effets. Escompter un effet signifie payer à quelqu'un le montant d'un effet avant l'échéance, moyennant un escompte; négocier un effet signifie le céder à un autre qui en donne la valeur, en retenant l'escompte.

Comme on le voit, escompter un effet, c'est *l'acheter*; négocier un effet, c'est le *vendre*. Cette explication donnée, nous posons nos questions.

1ʳᵉ QUESTION. Qui est-ce qui *reçoit*?

RÉPONSE. **EFFETS A RECEVOIR**.

2ᵉ QUESTION. Qui est-ce qui *fournit*?

RÉPONSE. **CAISSE**, *une partie de la somme*, et **PROFITS ET PERTES**, *l'autre partie.*

    Nous écrirons donc au journal :

EFFETS A RECEVOIR   A DIVERS,

A CAISSE......................... ....

A PROFITS ET PERTES ....

          Voyez le Journal, art. 58.

43. ———————   du 10 février 1844.   ———————

    Je négocie à Trullat, à Paris, les effets ci-dessous :

N° 106, sur Amiens, 31 mars .... 700 » ⎱
                                      1364 85

» 108, » *Verdun, 5 avril* .... 664 85 ⎰

    Trullat me compte

En espèces 1349 55

    Il me retient :

Intérêts à 5 p. % .... 11 90 ⎱
                                15 30 1364 85

Change de place 1/4 p. % .... 3 40 ⎰

(1) Voir, pour le calcul de l'escompte, notre ouvrage intitulé : *Notions d'Arithmétique commerciale*, ou moyen d'apprendre, en neuf leçons et sans maître, à *calculer aussi vite que la pensée :* 1° Les Intérêts, quels que soient le taux et le nombre de jours; 2° L'Escompte; 3° Le Bordereau d'Escompte; 4° Le Prix de Vente pour gagner tant pour %, soit sur le prix de revient, soit sur le chiffre de la vente.

1re QUESTION. Qui est-ce qui *reçoit?*

RÉPONSE. CAISSE , *une partie de la somme ,* et PROFITS ET PERTES, *l'autre partie.*

2e QUESTION. Qui est-ce qui *fournit?*

RÉPONSE. EFFETS A RECEVOIR.

Nous écrirons donc au Journal ·

DIVERS   A EFFETS A RECEVOIR,

CAISSE...........................

PROFITS ET PERTES.................

Voyez le Journal, art. 59.

44. ———————   du 10 février 1844.   ——————

J'encaisse,

N° 104, *sur Paris, échu ce jour*.............. 500 »

Je vends, au comptant,   836 »

5 *p. rouennerie, ensemble* 210 *mètres à fr.* 1 60.   336 »

1re QUESTION. Qui est-ce qui *reçoit?*

RÉPONSE. CAISSE.

2e QUESTION. Qui est-ce qui *fournit?*

RÉPONSE. EFFETS A RECEVOIR et MARCHANDISES GÉNÉRALES.

Nous écrirons donc au Journal :

CAISSE   A DIVERS,

A EFFETS A RECEVOIR..............

A MARCH^{ses} G^{les}......................

Voyez le Journal, art. 60.

45. ———————   du 12 idem.   ——————

Je vends à Gérin, à Paris :

20 *p. rouennerie, ensemble* 800 *mètres*

à fr. 1 40...................... 1120 »

10 *p.   id.   id.   420   id.*   1792 »

à fr. 1 60..................... 672 »

Gérin me paie comme suit :

N° 109 , *s/ m/ sur Louvat, à Cambrai,*

15 *février*..................... 700 »

N° 110, *s/ t^{te} s/ Rameaux, à Béziers,*   1370 »

20 *mars*......................... 670 »

En espèces............................. 422 » 1792 »

1re QUESTION. Qui est-ce qui *reçoit?*

RÉPONSE. EFFETS A RECEVOIR et CAISSE

2e QUESTION. Qui est-ce qui *fournit?*

RÉPONSE. MARCHANDISES GÉNÉRALES.

Nous écrirons donc au Journal :

DIVERS   A MARCH^{ses} G^{les},

EFFETS A RECEVOIR..............

CAISSE...........................

Voyez le Journal, art. 61.

46. ——————— du 12 février 1844. ———————

J'achette de Bonin, à Paris,

5 *p. de drap noir, ensemble* 200 *mètres à fr.* 18 »

le mètre......... .... 3600 »

    Je le paie comme suit :

N° 109, *sur Cambrai,* 15 *février...........* 700 »

En espèces. .... 2792 »

Escompte 3 *p.* °/₀................ 108 » 3600 »

1re QUESTION. Qui est-ce qui *reçoit?*

RÉPONSE. MARCHANDISES GÉNÉRALES.

2 QUESTION. Qui est-ce qui *fournit?*

RÉPONSE. EFFETS A RECEVOIR, CAISSE et ESCOMPTES ET RABAIS.

Nous écrirons donc au Journal :

MARCH^{ses} G^{les}   A DIVERS,

A EFFETS A RECEVOIR.............

A CAISSE........................

A ESCOMPTES ET RABAIS..........

Voyez le Journal, art. 62.

47. ——————— du 12 idem. ———————

J'achette de Vinon, à Bercy,

10 *hectolitres de vin de Bordeaux, à fr.* 115 » 1150 »

    Je lui donne à valoir,

N° 107, *sur Mâcon,* 1er *avril...............* 800 »

    Je reste lui devoir fr. 350, *qu'il fera recevoir*

quand il voudra, ci, pour balance.......... 350 » 1150 »

1ʳᵉ QUESTION. Qui est-ce qui *reçoit?*

RÉPONSE. VIN DE BORDEAUX.

2ᵉ QUESTION. Qui est-ce qui *fournit?*

RÉPONSE. EFFETS A RECEVOIR, *la partie de la somme payée,* et VINON, *la partie de la somme qui n'est pas payée.*

Dès lors les méthodes de tenue des livres ne manquent pas de vous dire qu'il faut passer l'article comme suit :

VIN DE BORDEAUX   A DIVERS,

A EFFETS A RECEVOIR............

A VINON.........................

Voyez le Journal, art. 63 (formule dont il ne faut pas se servir pour les achats réglés en partie).

Mais cette manière de passer cet article aurait un grave inconvénient que nous allons expliquer.

Le chef de la maison en est rarement le teneur de livres. Pour lui le grand livre est tout; car, comme nous l'avons dit, le grand livre est le livre du commerçant. Or, si l'article était ainsi passé, quand le chef de la maison ouvrirait son grand livre au compte de Vinon, il se dirait sans doute : Comment se fait-il que Vinon n'ait que 300 fr. à son avoir, et rien au doit? Pourquoi ne vois-je pas figurer à l'avoir de Vinon le prix de 10 hectolitres de vin, et à son doit une remise que je lui ai faite sur Mâcon? Il y a là un escamotage auquel je ne comprends rien.

Et le commerçant aurait raison : il faut que ses livres soient tenus de manière qu'il puisse s'en servir. Quand une facture est réglée en partie au moment de la livraison, il faut la faire figurer tout entière au compte du vendeur ou de l'acheteur, et porter l'à-compte du côté opposé à celui où figure la facture. L'article ainsi passé, tout le monde le comprendra.

Nous allons en conséquence rétablir les questions de manière à faire deux articles, l'un pour l'achat, l'autre pour la remise. Nous dirons donc pour le premier article :

1ʳᵉ QUESTION. Qui est ce qui *reçoit* le vin?

RÉPONSE. VIN DE BORDEAUX.

2ᵉ QUESTION. Qui est-ce qui *fournit* le vin?

RÉPONSE. VINON.

Nous écrirons donc au Journal :

VIN DE BORDEAUX   A VINON.

Voyez le Journal, art. 64.

Et nous dirons pour le second article :

1re QUESTION. Qui est-ce qui *reçoit* la remise sur Mâcon ?
RÉPONSE. VINON.

2e QUESTION. Qui est-ce qui *fournit* la remise sur Mâcon ?
RÉPONSE. EFFETS A RECEVOIR.

Nous écrirons donc au Journal :

VINON   A EFFETS A RECEVOIR.

Voyez le Journal, art. 65.

REMARQUE. Dans le second volume de cet ouvrage, nous indiquons le moyen, de ne faire qu'un seul article qui réunit tous les avantages des deux que nous donnons pour modèles.

48. ———————— du 14 février 1844. ————————

Je vends à Fatoudet, à Paris, savoir :

6 *hectol. vin de Bordeaux à fr.* 150 ».	900	} 1625	»
5 *idem idem.* 145 ».	725 »		
1 *barrique sucre de 500 kil. à fr.* 1 90.......	950		»
Ensemble...............	2575		»

Fatoudet me remet à valoir ce qui suit :

N° 111, *b^{et} Simon, à Paris,* 15 *mai..* 950 »	} 1200	»
» 112, *id. Patin, idem,* 15 *id....* 250 »		
En espèces.......................... 375	»	

Il reste me devoir fr. 1000 » *qu'il aura à me régler, ci,* pour balance.................... 1000 » 2575 »

Comme dans le cas précédent, nous poserons les questions de manière à faire deux articles.

Premier article.

1er QUESTION. Qui est-ce qui *reçoit* la marchandise ?
RÉPONSE. FATOUDET.

2ᵉ QUESTION. Qui est-ce qui *fournit* la marchandise ?
RÉPONSE. VIN DE BORDEAUX et SUCRE.

Nous écrirons donc au Journal :

FATOUDET   A DIVERS,
A VIN DE BORDEAUX................
A SUCRE...........................

Voyez le Journal, art. 66.

Second article.

1ʳᵉ QUESTION. Qui est-ce qui *reçoit* les remises?
RÉPONSE. EFFETS A RECEVOIR et CAISSE.
2ᵉ QUESTION. Qui est-ce qui *fournit* les remises?
RÉPONSE. FATOUDET.

Nous écrirons donc au Journal :

DIVERS   A FATOUDET,
EFFETS A RECEVOIR................
CAISSE...........................

Voyez le Journal, art. 67.

49. ——————— du 15 février 1844. ———————

J'escompte à Maurice, à Paris, les effets ci-dessous :
Nº 113, t° *Ricard s/ Amiot, à Paris,* 10 mai. 1500 »
» 114, *s/ traite sur Bouvier, à Lille,* 20 id... 1000 »

Ensemble................ 2500 »

Je règle ce bordereau de la manière suivante :
Espèces. 1956 70
Intérêts à 6 p. °/₀ *l'an............* 36 40
Com°ⁿ 1/8 p. °/₀ s/ *fr.* 1500 *sur Paris.* 1 90 } 43 30
Change de place 1/2 p.°/₀ *sur fr.* 1000. 5 »

Je reste lui devoir fr. 500 » *qu'il fera rece-*
voir le 19 *courant, ci*, pour balance.......... 500 » 2500 »

Cette opération est de la nature des deux précédentes, et exige deux articles en attendant que nous ayons enseigné à passer en seul article toutes les opérations analogues.

Nous ferons pour le premier article les questions suivantes :

1ʳᵉ QUESTION. Qui est-ce qui *reçoit* les remises ?
RÉPONSE. **EFFETS A RECEVOIR.**
2ᵉ QUESTION. Qui est-ce qui *fournit* les remises ?
RÉPONSE. **MAURICE.**

Nous écrirons donc au Journal :

EFFETS A RECEVOIR   A MAURICE.

Voyez le Journal, art. 68.

Pour le second article nous poserons les questions comme suit :
1ʳᵉ QUESTION. Qui est-ce qui *reçoit* l'à-compte ?
RÉPONSE. **MAURICE.**
2ᵉ QUESTION. Qui est-ce qui *fournit* l'à-compte ?
RÉPONSE. **CAISSE**, *une partie*, et **PROFITS ET PERTES**, *l'autre partie.*

Nous écrirons donc au Journal :

MAURICE   A DIVERS,
A CAISSE..........................
A PROFITS ET PERTES..............

Voyez le Journal, art. 69.

50. ——————— du 16 février 1844. ———————

J'envoie à Cornut, à Paris, pour qu'il les vende pour mon compte, moyennant une commission de 2 p. %, les marchandises ci-dessous :

30 *p. de calicot,* ensemble 1200 m. à fr. 0 60   720   » ⎫
5 *p. de drap noir,* ensemble 200 m. à fr. 18   » 3600   » ⎬ 4320 »
                                               ⎭

1ʳᵉ QUESTION. Qui est-ce qui *reçoit* ?
RÉPONSE. **MARCHANDISES CHEZ CORNUT.**
2ᵉ QUESTION. Qui est-ce qui *fournit* ?
RÉPONSE. **MARCHANDISES GÉNÉRALES.**

Nous écrirons donc au Journal :

MARCHᵉˢ CHEZ CORNUT   A MARCHᵉˢ Gˢ.

Voyez le Journal, art. 70.

Comme nous remettons ces marchandises à Cornut pour qu'il les vende pour notre compte, nous ne devons point l'en débiter avant qu'il les ait vendues, car jusque-là il ne nous doit rien; seulement, pour éviter la confusion dans le compte de marchandises, et pour être à même de nous rendre compte des marchandises envoyées en commission, nous en faisons un compte à part, sous la dénomination de Marchandises chez Cornut.

51. ———————— du 16 février 1844. ————————

Je reçois de Quinet, à Roubaix, pour être vendues pour son compte, moyennant une commission de 3 p. °/₀,

50 p. *étoffes de Roubaix, ensemble* 2000 *mètres*
à fr. 1 25 .... 2500 »

Je paie en espèces :
Le port des marchandises .... 45 »
Le pourboire au camionneur .... » 75

45 75

2545 75

NOTA. On suppose que le prix de vente est invariable.

1ʳᵉ QUESTION. Qui est-ce qui *reçoit?*
RÉPONSE. ÉTOFFES DE QUINET.
2ᵉ QUESTION. Qui est-ce qui *fournit?*
RÉPONSE. QUINET, *la marchandise,* et CAISSE, *l'argent pour payer le port et le pourboire.*

Nous écrirons donc au Journal :

ÉTOFFES DE QUINET   A DIVERS,
A QUINET.. ....
A CAISSE ....

Voyez le Journal, art. 71.

Cet article étant l'inverse du précédent, on comprend que nous ne devons point débiter notre compte de marchandises de la valeur des étoffes que nous recevons pour être vendues pour compte d'un autre. Il faut en faire un compte à part que l'on débite du montant de la facture et des frais, en attendant qu'on le crédite du produit de la vente.

Nous avons dû, pour donner lieu à cet article, supposer que le prix de vente de ces marchandises est invariable: car, quand le prix de

vente est sujet à varier, on s'abstient de faire figurer de semblables articles au journal et au grand livre sous la forme des autres articles;
mais on doit, pour satisfaire à la loi et pour le bon ordre, les inscrire au
Journal sous la forme de simples notes. Nous donnons, dans les exercices du second volume, des exemples de ce dernier cas, qui est beaucoup plus fréquent que le premier.

52. ———————— du 17 février 1844. ————————

*Je remets en compte à Portel, m/ banquier, le bordereau ci-
dessous :*

N° 113, s/ Paris, 10 mai...........	1500	»	
» 111, » *id.* 15 *id*............	950	»	3700 »
» 112, » *id.* 15 *id*............	250	»	
» 114, » *Lille*, 20 *id*............	1000	»	

Escompte en faveur de Portel :

Intérêts à 5 p. °/₀ l'an..............	44 85	46 10
Change de place 1/8 p. °/₀ s/ fr. 1000 ».	1 25	

    *Reste à porter à mon crédit, valeur de ce jour
pour produit net de mon bordereau*............. 3653 90

                  Somme égale............   3700 »

1ʳᵉ QUESTION. Qui est-ce qui *reçoit?*
RÉPONSE. PORTEL, *une partie de la somme*, et PROFITS ET
PERTES, *l'autre partie.*

2ᵉ QUESTION. Qui est-ce qui *fournit?*
RÉPONSE. EFFETS A RECEVOIR.

        Nous écrirons donc au Journal :

DIVERS   A EFFETS A RECEVOIR;
PORTEL.............................
PROFITS ET PERTES................

      Voyez le Journal, art. 72.

53. ———————— du 17 idem. ————————

*Je reçois en compte à la caisse de Portel, mon ban-
quier, la somme de*................................... 3653 »

1ʳᵉ QUESTION. Qui est-ce qui *reçoit?*
RÉPONSE. CAISSE.

2ᵉ QUESTION. Qui est-ce qui *fournit?*
RÉPONSE. PORTEL.

Nous écrirons donc au Journal :

CAISSE   A PORTEL.

Voyez le Journal, art. 73.

54. ——————————— du 19 février 1844. ———————

Je paie en espèces, savoir :
A Maurice, à Paris,
   Pour solde de son bordereau............., 500 »
A Bonin, à Paris,
   En remboursement de fr. 700 », *N°* 109, *m/*
remise sur Cambrai, venant de Gérin, et s'élevant
avec ports de lettres à 701 40

1201 40

1ʳᵉ QUESTION. Qui est-ce qui *reçoit?*
RÉPONSE. 1° MAURICE ; 2° Bonin, mais comme si nous lui re-
mettions la somme pour compte de Gérin, ce qui fait que GÉRIN en
est le véritable débiteur.

2ᵉ QUESTION. Qui est-ce qui *fournit?*
RÉPONSE. CAISSE.

Nous écrirons donc au Journal :

DIVERS   A CAISSE ,
MAURICE.......................
GÉRIN........................

Voyez le Journal, art. 74.

EXPLICATION. Gérin nous avait remis un effet en paiement d'une
facture, ce qui veut dire que nous lui en avions compté la valeur. Plus
tard nous avions remis cet effet à Bonin en paiement d'une facture, ce
qui veut dire qu'il nous en avait compté la valeur. Cet effet est donc en-
tré au compte d'Effets à Recevoir et en est sorti. Aujourd'hui il revient
parce qu'il n'a pas été payé ; ce n'est plus un effet à recevoir, ce n'est
plus qu'un titre du cessionnaire contre son cédant et les autres endos-
seurs. J'en dois compte à Bonin, et Gérin m'en doit compte ; si je rembourse Bonin, je dois débiter Gérin de la somme que je paie, parce
que ce dernier devra me la rembourser.

Dans les exercices du second volume, nous donnons des exemples variés de retours d'effets.

55. ——————— du 20 février 1844. ———————

Je rends à Gérin, à Paris, sa remise de fr. 700 »
renvoyée pour fr. 701 40, ports de lettres compris,
  Et il m'en compte le montant en espèces, ci. 701 40

1ʳᵉ Question. Qui est-ce qui *reçoit?*
Réponse. **CAISSE.**
2ᵉ Question. Qui est-ce qui *fournit?*
Réponse. **GÉRIN.**

  Nous écrirons donc au Journal :

CAISSE   **A GÉRIN.**

Voyez le Journal, art. 75.

56. ——————— du 21 idem. ———————

Cornut, à Paris, me donne son compte de vente de
mes marchandises, ainsi conçu :

30 p. *calicot,* 1200 *mètres à fr.* 0 80	960 »	5480 »
5 p. *drap,* 200 *mètres à fr.* 22 60	4520 »	

        A déduire :
S/ commission à 2 p. °/₀, ci. 109 60
  Net, qu'il me compte en espèces. 5370 40

1ʳᵉ Question. Qui est-ce qui *reçoit?*
Réponse. **CAISSE.**
2ᵉ Question. Qui est-ce qui *fournit?*
Réponse. **MARCHANDISES CHEZ CORNUT.**

  Nous écrirons donc au Journal :

CAISSE   **A Mˢᵉˢ CHEZ CORNUT.**

Voyez le Journal, art. 76.

Voilà encore un de ces articles où les auteurs de méthodes de tenue des livres ne manquent pas de faire arriver le compte de Profits et Pertes, comme s'il avait quelque chose à y faire. Ce compte de vente est celui de Cornut ; Cornut prélève sa commission, c'est un profit pour lui ;

mais est-ce une perte pour nous? Non, puisque au contraire nous avons gagné sur cette opération. Et quand bien même ce serait une perte, on ne devrait en faire écritures que pour solder le compte de Marchandises chez Cornut. Nous n'avions ici qu'une chose à voir, ce que la marchandise a produit pour nous, et c'est ce que l'article du Journal nous dit.

57. ———————— du 21 février 1844. ————————

Je solde le compte de marchandises données en commission à Cornut,

Le crédit est de 5370 40

Le débit de .... 4320 »

Excédant du crédit sur le débit 1050 40

Avant de poser nos questions, nous expliquerons ce qu'on entend par solder un compte. Cela veut dire rendre le doit et l'avoir égaux, en portant du côté le plus faible la somme nécessaire pour établir la balance. Il faut donc, avant de solder un compte, additionner à part le doit et l'avoir, et comparer les additions, afin de savoir de quel côté on devra porter la différence qu'on appelle solde.

Ici nous voyons que le solde ira au doit, comme étant plus faible que l'avoir. Le doit exprimant l'achat, et l'avoir la vente, le résultat de la soustraction prouve que le prix d'achat est moins fort que le prix de vente de 1050 fr. 40 c. ; dès lors il y a profit : ce solde viendra donc grossir l'avoir du commerçant, et devra figurer à l'avoir de Profits et Pertes.

Ce que nous venons de dire étant bien compris, nous ferons nos questions comme suit :

1re QUESTION. Qui est-ce qui *reçoit* le solde?
RÉPONSE. Marchandises chez Cornut.
2e QUESTION. Qui est-ce qui *fournit* le solde?
RÉPONSE. Profits et Pertes.

Nous écrirons donc au Journal :

MARCHes CHEZ CORNUT   A PROFITS ET PERTES

Voyez le Journal, art. 77.

Vincent, à Bordeaux, m'adresse les marchandises
ci-dessous :

1 barr. sucre de 550 kilogr. à fr.	1	20	660	»	
4 hect. vin de Bordeaux à fr. ...110	»	440	»	} 1100. »	

   Je lui envoie :

N° 110, sur Béziers, 20 mars................ 670 »

En espèces................................. 430 » 1100 »

1°° QUESTION. Qui est-ce qui *reçoit ?*
RÉPONSE. SUCRE et VIN DE BORDEAUX.
2° QUESTION. Qui est-ce qui *fournit ?*
RÉPONSE. EFFETS A RECEVOIR et CAISSE.

           Nous écrirons donc au Journal :

DIVERS   A DIVERS,
- SUCRE..
VIN DE BORDEAUX.....................................
A EFFETS A RECEVOIR................................
A CAISSE..

       Voyez le Journal, art. 80.

Les articles 78 et 79 ont été faits dans le but de rendre l'article 80 plus facile à comprendre.

On voit que les articles de Divers à Divers ne sont pas plus difficiles que les autres. Aussi ne donneront-ils lieu qu'à une observation de notre part, c'est que les débiteurs doivent toujours y être nommés les premiers, et les créditeurs les derniers.

Autrefois on faisait un grand abus des articles de divers à divers ; la tenue des livres étant moins connue qu'aujourd'hui, un teneur de livres était un homme précieux, quelquefois essentiel, et il augmentait souvent son importance par la manière confuse et obscure de passer les écritures. C'est ainsi qu'à la fin de la journée il résumait toutes les opérations en un seul article de divers à divers. Un semblable article, pour être intelligible, aurait demandé des détails bien explicatifs de chacune des parties qui le composaient ; mais le teneur de livres se gardait bien de se mettre ainsi en frais de rédaction ; son article, au contraire, était presque toujours si embrouillé que personne n'y connaissait rien, pas même lui.

Aujourd'hui on ne fait plus de pareils tours de force ; on ne passe plus guère d'articles de divers à divers que lorsqu'il s'agit d'inscrire au Journal une seule opération, résultant de l'échange de plusieurs objets contre plusieurs objets.

59. ——————————— du 24 février 1844. ———————————

Je livre à Rousselot jeune et Cie, à Paris, savoir :

1 *barr. sucre de* 500 *kil. à fr.*	2 10.	1050	»	}	1875	»	
1 *id.* » 550 » —	1 50.	825	»	}			
6 *hect. vin de Bordeaux à fr.* 150 »					900	»	
50 *p. étoffes de Quinet,* 2000 *m. à fr.* 1 25......					2500	»	
Total....................					5275	»	

Rousselot jeune et Cie me paient comme suit :

N° 115, *leur t^{te} s/ Daniel, à Lyon,* 25 *mai.* 1200 »	} 3700 »			
116, *leur b^{et} à m/ ord,* 25 *mai ......* 2500 »				
En espèces.................... .... 1527 75				
Escompte 3 °/° *sur fr.* 1575 », *payés comptant..* 47 25	5275	»		

1re QUESTION. Qui est-ce qui *reçoit ?*

RÉPONSE. EFFETS A RECEVOIR, CAISSE et ESCOMPTES ET RABAIS.

2e QUESTION. Qui est-ce qui *fournit ?*

RÉPONSE. SUCRE, VIN DE BORDEAUX et ÉTOFFES DE QUINET.

Nous écrirons donc au Journal :

DIVERS   A DIVERS,

EFFETS A RECEVOIR......................

CAISSE..................................

ESCOMPTES ET RABAIS...................

A SUCRE................................

A VIN DE BORDEAUX.....................

A ÉTOFFES DE QUINET...................

Voyez le Journal, art. 83.

Les articles 81 et 82 ont été faits pour rendre l'article 83 plus facile à comprendre.

60. ———————— du 24 février 1844.

Je prélève ma commission à 3 p. °/₀ sur le chiffre de la
vente faite ce jour pour le compte de Quinet, à Roubaix, ci　75　»

1ʳᵉ QUESTION. Qui est-ce qui *reçoit?*
RÉPONSE. ÉTOFFES DE QUINET.
2ᵉ QUESTION. Qui est-ce qui *fournit?*
RÉPONSE. PROFITS ET PERTES.

En effet le compte d'Étoffes de Quinet supporte les frais, et cela nous
procure un profit.

Nous écrirons donc au Journal :

ÉTOFFES DE QUINET　　A PROFITS ET PERTES.

Voyez le Journal, art. 84.

61. ———————— du 24 idem. ————————

Je solde le compte d'étoffes de Quinet :
Le doit est de. 2620 75
L'avoir de . . . . 2500 »
Différence à porter au doit du compte particulier de
Quinet. 120 75

NOTA. J'écris à Quinet pour lui envoyer son compte de vente, et lui
dire qu'il peut disposer sur moi, à 3 mois, de fr. 2379 25 pour solde.

1ʳᵉ QUESTION. Qui est-ce qui *reçoit?*
RÉPONSE. QUINET.
2ᵉ QUESTION. Qui est-ce qui *fournit?*
RÉPONSE. ÉTOFFES DE QUINET.

Nous écrirons donc au Journal :

QUINET A ROUBAIX　　A ÉTOFFES DE QUINET.

Voyez le Journal, art. 85.

Pour comprendre cet article, il faut bien se pénétrer de la signification d'un compte de la nature de celui d'Etoffes de Quinet. Au doit
figure le prix qu'on veut tirer des marchandises, plus les frais de toute
nature, et à l'avoir se trouve le prix de vente, qui est toujours le même

que le prix qui figure au doit. Le doit est donc plus fort que l'avoir de tous les frais que les marchandises ont occasionnés, et ces frais sont indubitablement supportés par celui pour le compte de qui on a vendu ces marchandises.

62. ———————   du 26 février 1844.   ———————

> *Erotin, à Paris, me demande du papier sur Lyon ;*
> *Je lui remets ,*
> N° 115, *sur Lyon, 25 mai* 1200   »
> *Il me donne en échange ,*
> N° 117, *b^{on} Hénaux , à Paris , 25 mai* 1200   »
> *Et me paie en espèces*
> *Une bonification de.* 3   » 1203   »

1re QUESTION. Qui est-ce qui *reçoit?*
RÉPONSE. **EFFETS A RECEVOIR** et **CAISSE.**
2e QUESTION. Qui est-ce qui *fournit?*
RÉPONSE. **EFFETS A RECEVOIR** et **PROFITS ET PERTES.**

Nous écrirons donc au Journal :

DIVERS   **A DIVERS,**
EFFETS A RECEVOIR ....
CAISSE. ....
A EFFETS A RECEVOIR ....
A PROFITS ET PERTES. ....

Voyez le Journal, art. 86.

63. ———————   du 28 idem.   ———————

> *J'apprends que Fatoudet, à Paris, est mort insolvable,*
> *et je solde son compte qui était débiteur de.* 1000   »

1re QUESTION. Qui est-ce qui *reçoit ?*
RÉPONSE. **PROFITS ET PERTES.**
2e QUESTION. Qui est-ce qui *fournit ?*
RÉPONSE. **FATOUDET.**

En effet, si Fatoudet avait payé en espèces, la caisse aurait reçu et Fatoudet aurait fourni; on aurait dit : **CAISSE   A FATOUDET.** Fatoudet ne payant pas, sa dette grossit la nôtre, c'est-à-dire grossit le doit de

Profits et Pertes, et son compte n'en doit pas moins être soldé de même que s'il avait payé.

Nous écrirons donc au Journal :

PROFITS ET PERTES   A FATOUDET.

Voyez le Journal, art. 87.

64. ———————   du 29 février 1844.   ———————

Je reçois le compte de Portel, à Paris, mon banquier,
et après l'avoir vérifié et reconnu exact, je passe écritures de
Fr. 34 20 d'intérêts en ma faveur, ci 34 20

1ʳᵉ QUESTION. Qui est-ce qui *reçoit?*
RÉPONSE. PORTEL.
2ᵉ QUESTION. Qui est-ce qui *fournit?*
RÉPONSE. PROFITS ET PERTES.

En effet, Portel supporte les intérèts en notre faveur, et cela grossit l'avoir de notre compte de Profits et Pertes.

Nous écrirons donc au Journal :

PORTEL   A PROFITS ET PERTES.

Voyez le Journal, art. 88.

65. ———————   du 29 idem.   ———————

Je solde le compte ancien de Portel, à Paris, et je lui
en rouvre un nouveau.
Ce compte présente un solde en ma faveur de 4645 80

Après avoir additionné le doit et l'avoir du compte de Portel, le commerçant s'est convaincu que l'avoir est plus faible que le doit de fr. 4645 80. Il faudra donc, pour solder l'ancien compte, grossir cet avoir de fr. 4645 80, et, pour ouvrir le nouveau, porter au doit cette même somme de fr. 4645 80. Posons nos questions.

1ʳᵉ QUESTION. Qui est-ce qui *reçoit?*
RÉPONSE. PORTEL, *Compte Nouveau.*
2ᵉ QUESTION. Qui est-ce qui *fournit?*
RÉPONSE. PORTEL, *Compte Ancien.*

Nous écrirons donc au Journal :

PORTEL , *C*ʳᵉ *Nouveau*,   A LUI-MÊME, *Cⁱᵉ Ancien*.

Voyez le Journal, art. 89.

Il est d'autant plus important de bien comprendre la manière de passer cet article, que c'est ainsi que se soldent les comptes au moment e l'inventaire. Il est vrai de dire qu'on pourrait, sans aucun inconvénient, balancer les comptes au Grand Livre sans en parler au Journal ; mais on est dans l'habitude de ne rien faire au grand livre que cela ne soit indiqué au journal, et nous n'aurons garde de blâmer cette méthode, car nous aimons les moyens de vérification.

66. ——————————— du 29 février 1844. ———————

Pris à la caisse pour payer les frais et dépenses du mois, savoir :

Les dépenses de bouche du ménage...	150	»		
Le mois de gages de ma domestique...	20	»	170	»
Les appointements de mon commis....	125	»		
Idem de m/ garçon de magasin......	87	50		
Les ports de lettres...............	17	»	264	50
2/12 échus des impôts et de la patente...	35	»		
			434	50

1ʳᵉ QUESTION. Qui est-ce qui *reçoit* ?

RÉPONSE. DÉPENSES DOMESTIQUES et FRAIS GÉNÉRAUX.

2ᵉ QUESTION. Qui est-ce qui *fournit* ?

RÉPONSE. CAISSE.

Nous écrirons donc au Journal :

DIVERS   A CAISSE,

DÉPENSES DOMESTIQUES.......................

FRAIS GÉNÉRAUX...........................

Voyez le Journal, art. 90.

67. ——————————— du 29 idem. ———————

Ayant l'intention de faire mon inventaire à la date de ce jour, je dois porter en dépense, au compte de Frais Généraux, 2 mois de loyer échu, qui, si je ne les déduisais pas de mes bénéfices d'aujourd'hui, viendraient diminuer mes bénéfices de l'inventaire suivant.

J'ouvre donc un compte de Loyer à Payer, et j'y porte

2 *mois de loyer échu, ci*................... - 333 3ⁱ

1re QUESTION. Qui est-ce qui *reçoit?*

RÉPONSE. FRAIS GÉNÉRAUX.

2e QUESTION. Qui est-ce qui *fournit?*

RÉPONSE. LOYER A PAYER.

On crédite le compte de Loyer à Payer comme on créditerait ie compte du propriétaire à qui ce loyer est acquis.

Nous écrirons donc au Journal :

FRAIS GÉNÉRAUX   A LOYER A PAYER.

Voyez le Journal, art. 91 et dernier.

Manière de porter au Grand Livre les Articles de Divers.

Les Articles de Divers se portent au Grand Livre de la même manière que les articles d'un tel à un tel, si ce n'est que quand on a écrit au grand livre à *Divers* ou *par Divers*, la colonne des folios de rencontre qui se trouve sur la même ligne, avant celle des sommes, doit rester vide; car pour l'employer il faudrait y inscrire les folios de tous les différents comptes créditeurs ou débiteurs, et comme cette indication ne serait pour ainsi dire d'aucune utilité, on s'en dispense.

Disons encore que les détails qui regardent chaque compte doivent se porter sur une seule ligne au grand livre. Il suffira du reste de voir comment nous avons porté un article pour être à même de porter les autres.

De la Balance de Février.

Quand on a déjà fait la balance d'un mois, on peut se dispenser d'y revenir pour opérer la balance du second mois. On ne porte à cette dernière balance que les additions des articles du second mois de chaque compte, et quand elle est trouvée juste, on la réunit à la première afin d'avoir des soldes qui soient le résultat des deux mois. De cette manière on n'a pas à revenir sur ce qui a été fait précédemment, et si l'on a des recherches à faire, elles ne vont jamais au delà du mois dont on établit la balance.

Inutile de dire que cette méthode est applicable à tous les mois qui suivent.

La balance que nous donnons plus loin sous le titre de Balance Générale et Inventaire renferme celle que nous venons d'indiquer.

Comment le Teneur de Livres doit s'y prendre pour faire l'Inventaire.

Après avoir obtenu les soldes de la balance générale, que nous appelons soldes provisoires, il nous reste à trouver la position exacte du commerçant, et à fixer son capital, qui devra être augmenté des bénéfices ou diminué des pertes qu'il a pu faire depuis l'ouverture de ses livres.

Pour y arriver, il faut avoir sous les yeux l'inventaire des marchandises de toute nature qui se trouvent en magasin, et qu'on estime ce qu'elles coûteraient au jour de l'inventaire.

Pour nous, à qui la nature de notre commerce a permis d'avoir des livres d'entrée et de sortie de marchandises, nous n'avons qu'à consulter ces livres pour composer notre inventaire, et à nous assurer ensuite que les marchandises invendues restent bien dans nos magasins. Cette opération donne le résultat suivant.

INVENTAIRE DES MARCHANDISES AU 29 FÉVRIER 1844.

MARCHANDISES GÉNÉRALES EN MAGASIN.

8 p. de soie, ensemble 320 mètres à fr. 5 »............. 1600 »

VIN DE BORDEAUX EN MAGASIN.

5 hectolitres à fr. 115 »...................... 575 » ⎱
4   id.   à fr. 110 »..................... 440 » ⎰ 1015 »

SUCRE EN MAGASIN.

Néant.

Total des Marchandises inventoriées.......... 2615 »

Cet inventaire étant fait, le teneur de livres trouvera la position du commerçant en procédant comme nous allons l'expliquer, après avoir dit un mot du livre des inventaires.

Du Livre des Inventaires.

Nous avons vu au commencement de cet ouvrage une copie de l'article 9 du Code de commerce qui nous dit à quoi sert le Livre des Inventaires. Pour nous, dans le but de ne pas faire figurer au Journal LE RÉSULTAT de nos opérations commerciales, nous portons au Livre des Inventaires, sous la forme d'articles de Journal, les articles que nous faisons pour arriver à connaître le solde de chaque compte en particulier et notre position exacte à l'époque de l'inventaire.

Manière de passer les Articles d'Inventaire au Livre des Inventaires

BÉNÉFICE RÉSULTANT DU COMPTE DE MARCHANDISES GÉNÉRALES.

En consultant la Balance Générale, nous voyons que l'addition du compte de Marchandises Générales donne à l'Avoir, *qui exprime le prix de vente des marchandises*, un total de............ 23021 25

Et au Doit, *qui exprime le prix d'achat des marchandises*, un total de.............. 20870 30

Mais il faut retrancher de ce dernier total la valeur des marchandises générales invendues, c'est-à-dire de celles que nous avons trouvées en magasin, ci................................. 1600 »

Et il ne restera plus au doit que le prix de revient des marchandises qui ont été vendues, ci ·.............. 19270 30

Puis soustrayant fr. 19270 30 de fr. 23021 25, nous obtenons un excédant de l'avoir sur le doit de.......... 3750 95

Les marchandises vendues ayant produit fr. 3750 95 de plus qu'elles n'ont coûté, cet excédant est un bénéfice dont il faut faire écritures afin que le compte ne soit plus créditeur, et qu'il se trouve au contraire débiteur de fr. 1600 » pour le prix des marchandises invendues trouvées en magasin.

Je débite donc le compte de Marchandises Générales dudit bénéfice, et j'en crédite le compte de Profits et Pertes.

Voyez le Livre des Inventaires, art. 1.

BÉNÉFICE RÉSULTANT DU COMPTE DE VIN DE BORDEAUX.

En consultant la Balance Générale, nous voyons que l'addition du compte de Vin de Bordeaux donne à l'Avoir un total de.. 4005 »

Et au Doit un total de................. 4185 »

Dont il faut déduire la valeur du vin in-vendu, ci................................... 1015 »

Reste le prix d'achat du vin vendu, ci.............. 3170 »

Excédant de l'avoir sur le doit.................. 835 »

Partant le bénéfice sur le Vin de Bordeaux est de fr. 835.

Je débite donc le compte de Vin de Bordeaux par le crédit de Profits et Pertes.

Voyez le Livre des Inventaires, art. 2.

BÉNÉFICE RÉSULTANT DU COMPTE DE SUCRE.

Nous voyons à la Balance Générale que le compte de Sucre donne à l'Avoir un total de.......................... 2825 »

Et au Doit un total de........ .... 2310 »

Et comme il ne reste point de sucre à vendre, il suffit de retrancher le doit de l'avoir pour connaître l'excédant du prix de vente sur celui d'achat, ci...................... 515 »

Cette somme de fr. 515 » exprime évidemment le bénéfice résultant des opérations que j'ai faites sur le sucre.

Je débite donc le compte de Sucre par le crédit de Profits et Pertes

Voyez le Livre des Inventaires, art. 3.

SOLDE DU COMPTE D'ESCOMPTES ET RABAIS.

Après avoir extrait les bénéfices ou les pertes qui proviennent des comptes ouverts aux objets de commerce sur lesquels roule le trafic du commerçant, il faut solder le compte d'Escomptes et Rabais, qui n'est qu'une subdivision du compte de Marchandises Générales et de ses divisions, Vin de Bordeaux et Sucre.

Ce compte présente à la Balance Générale un excédant à l'Avoir de fr. 48 70,

Dont je le débite par le crédit de Profits et Pertes.

Voyez le Livre des Inventaires, art. 4.

avons encore à solder par Profits et Pertes les comptes de **Frais**
et de Dépenses de toute nature.

SOLDE DU COMPTE DE FRAIS GÉNÉRAUX.

Ce compte présente à la Balance Générale un Doit de fr. 898 85, et
pas d'Avoir.

Je le crédite donc de fr. 898 85 par le débit de Profits et Pertes.
Voyez le Livre des Inventaires, art. 5.

SOLDE DU COMPTE DE DÉPENSES DOMESTIQUES.

Ce compte présente à la Balance Générale un Doit de fr. 480 ». et
pas d'Avoir.

Je le crédite donc de fr. 480 » par le débit de Profits et Pertes.
Voyez le Livre des Inventaires, art. 6.

SOLDE DU COMPTE DE PROFITS ET PERTES.

C'est le solde de ce compte qui nous dira ce que la maison a gagné
ou perdu depuis l'ouverture de ses livres.

Pour solder le compte de Profits et Pertes, nous faisons le raisonnement qui va suivre.

Ce compte présente à la Balance Générale un
avoir de... 1238 50

Depuis la balance on a ajouté à cet avoir :

1° Les bénéfices de Marchandises Générales.....	3750 95		
2° Id. de Vin de Bordeaux...........	835 »		
3° Id. de Sucre...................	515 »		
4° Id. d'Escomptes et Rabais........	48 70		
L'avoir s'est donc grossi de...................		5149 65	
Total de l'Avoir........................		6388 15	

Ce compte présente à la Balance Générale un
doit de... 1161 40

On y a ajouté depuis :

1° Le solde de Frais Généraux........	898 85		
2° Id. de Dépenses Domestiques..	480 »		
Le doit s'est donc grossi de...........		1378 85	
Total du Doit......................		2540 25	
Excédant de l'Avoir sur le Doit...............		3847 90	

Partant il y a eu sur toutes les opérations de la maison un bénéfice net de fr. 3847 90, dont il faut débiter le compte de Profits et Pertes, pour solde, par le crédit de Capital.

Voyez le Livre des Inventaires, art. 7.

Voyez aussi les art. 8 et 9, qui résument les sept premiers articles.

Après avoir porté ces derniers articles du Livre des Inventaires au Grand Livre, nous additionnons tous les comptes du grand livre qui soldent, et il ne nous reste plus à nous occuper que des comptes qui ne soldent pas. La balance va nous donner les moyens de les solder.

Manière de porter à la Balance Générale les articles additionnels.

Nous appelons Articles Additionnels ceux que nous venons de passer au Livre des Inventaires et que nous portons dans les deux colonnes qui leur sont réservées à la Balance Générale, au doit de chaque compte la somme ou les sommes dont il a été débité, et à l'avoir la somme ou les sommes dont il a été crédité. Ainsi :

Le compte de Marchandises Générales y est débité de..	3750	85
— de Vin de Bordeaux — de..	835	»
— de Sucre , — de..	515	»
— d'Escomptes et Rabais — de..	48	70
— de Profits et Pertes, — de..	5226	75
Débit des articles additionnels	10376	40
Le compte de Profits et Pertes y est crédité de	5149	65
— de Frais Généraux — de.......	898	85
— de Dépenses Domestiques — de.......	480	»
— de Capital — de.......	3847	90
Crédit des articles additionnels...........	10376	40

Voyez la Balance Générale.

Manière de trouver les Soldes Définitifs à la Balance Générale.

Après avoir porté les Articles Additionnels à la Balance Générale, nous les combinons avec les Soldes Provisoires de manière à arriver à des Soldes Définitifs. Voici du reste comment nous procédons :

Nous voyons que le compte de Capital est créditeur aux soldes provisoires de.............................. 10000 »

Et aux articles additionnels de.................... 3847 90

Nous additionnons ces deux sommes, et nous portons le total à l'avoir des soldes définitifs.................. 13847 90

Les soldes provisoires de Mobilier, de Loyer Payé par Avance, de Caisse, d'Effets à Payer, d'Effets à Recevoir, de Loyer à Payer, de Compte de Divers, de Portel, de Daniel et de Quinet n'ayant pas changé, nous portons ces soldes provisoires aux soldes définitifs.

Le compte de Marchandises Générales qui a été débité aux articles additionnels de......................... 3750 95

Etait crédité aux soldes provisoires de............. 2150 95

Reste à porter au doit des soldes définitifs......... 1600 »

Le compte de Vin de Bordeaux, qui était débité aux soldes provisoires de............................... 180 »

A été aussi débité aux articles additionnels de...... 835 »

Ensemble à porter au doit des soldes définitifs...... 1015 »

Le compte du Sucre, qui était crédité aux soldes provisoires de....................................... 515 »

Ayant été débité de la même somme aux articles additionnels, ci...................................... 515 »

Il ne reste rien à porter aux soldes définitifs....... » »

Il en est de même des comptes d'Escomptes et Rabais, de Profits et Pertes, de Frais Généraux et de Dépenses Domestiques qui balancent tous.

Les deux colonnes des soldes définitifs balancent aussi entre elles, bien entendu, et nous donnent les résultats que nous cherchions.

BALANCE GÉNÉRALE ET

FOLIOS DU GRAND LIVRE.	COMPTES OUVERTS au GRAND LIVRE.	BALANCES MENSUELLES.							
		ADDITION du mois de janvier.				ADDITION du mois de février.			
		Doit.		Avoir.		Doit.		Avoir.	
1	Capital....................	»	»	10000	»	»	»	»	»
»	Mobilier.....................	75	»	»	»	»	»	»	»
»	Loyer Payé par Avance..............	1000	»	»	»	»	»	»	»
2	Caisse.....................	18136	25	17761	80	20229	35	12894	60
3	Marchandises Générales..............	14950	30	10731	25	5920	»	12270	»
»	Vin de Bordeaux...................	1155	»	1030	»	3030	»	2955	»
4	Sucre.....................	»	»	»	»	2310	»	2825	»
»	Escomptes et Rabais................	»	»	»	»	155	»	203	70
5	Effets à Payer....................	»	»	2374	50	»	»	1000	»
»	Effets à Recevoir	2745	»	2205	»	13134	85	9434	85
6	Profits et Pertes.................	100	»	»	»	1061	40	1238	50
»	Frais Généraux....................	301	»	»	»	597	85	»	»
»	Dépenses Domestiques..............	310	»	»	»	170	»	»	»
7	Loyer à Payer............	»	»	»	»	»	»	333	35
»	Compte de Divers.......	»	»	»	»	4001	40	4351	40
8	Portel , à Paris.....................	8000	»	1000	»	3688	10	6042	30
9	Daniel , à Rouen...........	1837	50	3467	50	1630	»	»	»
10	Quinet, à Roubaix...	»	»	»	»	120	75	2500	»
		48610	05	48610	05	56048	70	56048	70

INVENTAIRE AU 29 FÉVRIER 1844.

BALANCE GÉNÉRALE.				BALANCE D'INVENTAIRE.			
ADDITION des balances mensuelles.		SOLDES PROVISOIRES au jour de l'inventaire.		ARTICLES ADDITIONNELS.		SOLDES DÉFINITIFS.	
Doit.	Avoir.	Doit.	Avoir.	Doit.	Avoir.	Doit.	Avoir.
» »	10000 »	» »	10000 »	» »	3847 90	» »	13847 90
75 »	» »	75 »	» »	» »	» »	75 »	» »
1000 »	» »	1000 »	» »	» »	» »	1000 »	» »
38365 60	30656 40	7709 20	» »	» »	» »	7709 20	» »
20870 30	23021 25	» »	2150 95	3750 95	» »	1600 »	» »
4185 »	4005 »	180 »	» »	835 »	» »	1015 »	» »
2310 »	2825 »	» »	515 »	515 »	» »	» »	» »
155 »	203 70	» »	48 70	48 70	» »	» »	» »
» »	3374 50	» »	3374 50	» »	» »	» »	3374 50
15879 85	11639 85	4240 »	» »	» »	» »	4240 »	» »
1161 40	1238 50	» »	77 10	5226 75	5149 65	» »	» »
898 85	» »	898 85	» »	» »	898 85	» »	» »
480 »	» »	480 »	» »	» »	480 »	» »	» »
» »	333 35	» »	333 35	» »	» »	» »	333 35
4001 40	4351 40	» »	350 »	» »	» »	» »	350 »
11688 10	7042 30	4645 80	» »	» »	» »	4645 80	» »
3467 50	3467 50	» »	» »	» »	» »	» »	» »
120 75	2500 »	» »	2379 25	» »	» »	» »	2379 25
104658 75	104658 75	19228 85	19228 85	10376 40	10376 40	20285 »	20285 »

Ce que signifient les Soldes Définitifs.

Ceux qui, en suivant notre méthode, ont appris à lire dans la Balance, verront, en consultant les Soldes Définitifs, que

L'Actif se compose :

Du mobilier..	75 »
Du loyer payé par avance..................................	1000 »
De l'argent en caisse..	7709 20
Des marchandises générales en magasin..............	1600 »
Du vin de Bordeaux en cave..............................	1015 »
Des effets de commerce en portefeuille..............	4240 »
Du solde du compte de Portel...........................	4645 80
Total de l'Actif............................	20285 »

Et le Passif :

Des billets en circulation...................	3374 50
Du loyer à payer.............................	333 35
Du solde du compte de Vinon..............	350 »
Du solde du compte de Quinet.............	2379 25
Total du Passif..................	6437 10

Enfin l'Actif net ou le nouveau Capital se compose de la différence, qui est de........... 13847 90

Total égal à l'Actif brut................. 20285 »

Ce résultat nous dit encore que le capital s'est accru de fr. 3847 90.

Articles de Clôture et de Réouverture des Comptes.

Nous voyons encore dans tous les traités de tenue des livres des comptes de Balance de Sortie et de Balance d'Entrée, comptes inutiles, inventés dans l'enfance de la tenue des livres, et fiers de trouver encore aujourd'hui dans les méthodes une place honorable qui les dédommage un peu de celle qu'ils ont perdue dans les livres de commerce.

L'inutilité de ces comptes est si patente, même pour ceux qui s'en servent encore, que beaucoup de teneurs de livres se dispensent de faire aucun article pour clore les comptes et en rouvrir de nouveaux. En effet, le solde des comptes résultant de la différence du doit et de

l'avoir, rien n'empêche de porter cette différence du côté le plus faible, pour balance, à condition qu'on la reportera à nouveau du côté
qui était le plus fort.

Cependant, comme on a besoin de conserver les soldes définitifs, que
la loi même y oblige, on a jugé avec raison qu'il convient mieux d'en
faire un article de Journal ou plutôt d'Inventaire, disposé de manière
qu'on puisse s'en servir pour solder les comptes au Grand Livre.

Voici comment aura raisonné l'inventeur de cette méthode, qui n'est
plus nouvelle, quoiqu'elle ne soit pas indiquée par nos devanciers. Il
se sera dit : Les comptes qu'on rouvre étant des comptes nouveaux,
en les comparant aux comptes qu'on ferme, et qui dès lors se trouvent
des comptes anciens, pourquoi ne pas solder les comptes anciens par
les comptes nouveaux ? De cette manière le même article servira à
clore les comptes et à en rouvrir d'autres.

En effet, comme Mobilier, Loyer Payé par Avance, Caisse, Marchandises Générales, Vin de Bordeaux, Effets à Recevoir et Portel ont un
excédant de débit, il faudra porter cet excédant à l'avoir des comptes
anciens pour les solder, et au doit des comptes nouveaux pour les
rouvrir. Comme Capital, Effets à Payer, Loyer à Payer, Vinon et Quinet ont un excédant de crédit, il faudra porter cet excédant au doit des
comptes anciens pour les solder, et à l'avoir des comptes nouveaux
pour les rouvrir. On pourra donc dire d'une part :

Mobilier, *Cte Nouveau*, à Lui-même, *Cte Ancien*;

Loyer Payé par Avance, *Cte Nouveau*, à Lui-même, *Cte Ancien* ;

Caisse, *Cte Nouveau*, à Elle-même, *Cte Ancien*, etc.

Et de l'autre part :

Capital, *Cte Ancien*, à Lui-même, *Cte Nouveau*;

Effets à Payer, *Cte Ancien*, à Eux-mêmes, *Cte Nouveau*;

Loyer à Payer, *Cte Ancien*, à Lui-même, *Cte Nouveau*, etc.

Et outre que ces articles serviront à clore et à rouvrir les comptes,
ils figureront aussi à notre Livre des Inventaires, pour satisfaire aux
prescriptions de l'article 9 du Code de commerce.

Voyez le Livre des Inventaires, art. 10 *et* 11.

Après avoir porté ces articles au Grand Livre, ainsi que nous l'avons
fait, la comptabilité se trouve complète.

JOURNAL

DE

MUNIER A PARIS.

JOURNAL.

		1. ——— du 1er janvier 1844. ———		
2.	1.	CAISSE A CAPITAL,		
		Mon versement à la caisse..................	10000	»
		2. ——— du 2 idem. ———		
1.	2.	MOBILIER A CAISSE,		
		Prix d'un comptoir......................	75	»

<table>
<tr><td rowspan="3" style="writing-mode:vertical-lr">Formule d'article pour les maisons qui n'ont point de livre d'achats.</td><td colspan="4">3. ——— du 3 idem. ———</td></tr>
</table>

Formule d'article pour les maisons qui n'ont point de livre d'achats.

		3. ——— *du 3 idem.* ———		
		MARCH^es GEN^ies *A CAISSE,*		
		Acheté de Cornet, à Paris, les marchandises ci-dessous que j'ai payées comptant :		
		6 p. drap bleu, ensemble 240 m. à 17 50. 4200 »		
		2 p. idem. vert, ensemble 70 m. à 12 ». 840 »	5040	»

Formule de l'article pour les maisons qui ont un livre d'achats.

		4. ——— du 3 idem. ———		
3.	2.	MARCH^es GÉN^ies A CAISSE,		
		Facture Cornet, à Paris..................	5040	»

Formule des deux articles à faire lorsque le vendeur a un compte ouvert.

		5. ——— *du 4 idem.* ———		
		MARCH^es GÉN^ies *A BRUAND, A ROUEN,*		
		S/ facture............................	432	»
		6. ——— *du 4 idem.* ———		
		BRUAND *A EFFETS A PAYER,*		
		N° 1, m/ b^et à s/ ord/, 15 mai	432	»

Formule du seul article à faire lorsque le vendeur n'a point de compte ouvert.

		7. ——— du 4 idem. ———		
3.	3.	MARCH^es GÉN^ies A EFFETS A PAYER,		
		Facture Bruand, à Rouen........ 432 fr. »		
		Adressé en paiement,		
		N° 1, m/ b^et à s/ ord/, 15 mars............	432	»
		8. ——— du 5 idem. ———		
3.	8.	MARCH^es GÉN^ies A ROUGET, A LYON,		
		S/ facture............................	2925	»

2.

Formule d'article pour les maisons qui n'ont point de livre de ventes.	9. ——— du 8 janvier 1844. ——— CAISSE A MARCH⁰ˢ GÉN¹⁰ˢ, Livré à Raimond, à Paris, qui m'a payé comptant : 6 p. drap bleu, ensemble 240 m. à 22 fr......	5280 »
Formule d'article pour les maisons qui ont un livre de ventes.	10. ——— du 8 idem. ——— 2.3.CAISSE A MARCH⁰ˢ GÉN¹⁰ˢ, M/ facture à Raymond, à Paris	5280 »
Formule des deux articles à faire lorsque l'acheteur a un compte ouvert.	11. ——— du 9 idem. ——— GONOT, A PARIS, A MARCH⁰ˢ GÉN¹⁰ˢ, M/ facture............................	540 »
	12. ——— du 9 idem. ——— EFFETS A RECEVOIR A GONOT, A PARIS, N° 101, s/ b⁰ᵗ d m/ ord/, 10 avril	540 »
Formule du seul article à faire lorsque l'acheteur n'a point de compte ouvert.	13. ——— du 9 idem. ——— 5.3. EFFETS A RECEVOIR A MARCH⁰ˢ GÉN¹⁰ˢ, Reçu de Gonot, à Paris, N° 101, s/ b⁰ᵗ à m/ ord/, 10 avril ..... 540 » En paiement de M/ facture de ce jour......	540 »
	14. ——— du 10 idem. ——— 8.3. LORIOT, A PARIS, A MARCH⁰ˢ GÉN¹⁰ˢ, M/ facture............................	1856 25
	15. ——— du 11 idem. ——— 8.2. ROUGET, A LYON, A CAISSE, M/ envoi en espèces......	2925 »
	16. ——— du 12 idem. ——— 2.8. CAISSE A LORIOT, A PARIS, Reçu en espèces........................	1856 25
	17. ——— du 13 idem. ——— 6.7. FRAIS GÉN⁰ˣ A JOURDAIN, A PARIS, S/ facture de 2 stères de bois..........	72

		18. ——— du 13 janvier 1841 ———			
6.	2.	DÉPENSES DOMESTIQUES	A CAISSE,		
		Payé à m/ tailleur......................		150	»
		19. ——— du 15 idem. ———			
6.	2.	PROFITS ET PERTES	A CAISSE,		
		Perdu m/ bourse qui contenait..............		100	»
		20. ——— du 15 idem. ———			
9.	3.	BARRAUX, A LYON,	A MARCH^{es} GÉN^{les},		
		M/ facture....................		1050	»
		21. ——— du 15 idem. ———			
8.	2.	PORTEL, A PARIS,	A CAISSE,		
		M/ versement à sa caisse..................		8000	»
		22. ——— du 16 idem. ———			
		LOGEOTTE A PARIS	*A MARCH^{es} G^{les},*		
		M/ facture....................		2025	»
		23. ——— du 16 idem. ———			
		MARCH^{es} G^{les}	*A LOGEOTTE, A PARIS,*		
		S/ facture....................		2025	»
		24. ——— du 16 idem. ———			
3.	3.	MARCH^{es} G^{les}	A MARCH^{es} GÉN^{les},		
		Reçu de Logeotte, à Paris,			
		18 p. de stoff................ 2025 »			
		En échange de			
		5 p. de soie.............................		2025	»
		25. ——— du 16 idem. ———			
3.	9.	VIN DE BORDEAUX	A VINCENT,		
		7 hectolitres.................		1155	»
		26. ——— *du 17 idem.* ———			
		EFFETS A RECEVOIR	*A SÉNAC,*		
		N° 102, m/ t^{te}/ ord/ Vincent, 15 avril......		1155	»
		27. ——— du 17 idem. ———			
		SÉNAC	*A EFFETS A PAYER,*		
		N° 2, m/ b^{et} à s/ ord/, 5 avril.............		1155	»

(marges gauches)

Formule des deux articles à faire si l'on veut que l'opération figure au compte de la maison avec laquelle l'échange se fait.

Formule d'un seul article à faire si l'on ne veut pas que l'opération figure au compte de la maison avec laquelle l'échange se fait.

Formule des deux articles à faire si l'on veut que l'opération figure au compte de la maison avec laquelle elle se fait.

— **136** —

4.

		28. ———— du 17 janvier 1844. ————		
5.	5.	EFF. A RECEVOIR A EFF. A PAYER,		
		Tiré sur Sénac, à Bordeaux,		
		N° 102, m/ t^{te} ord/ Vincent, 15 avril. <u>1155 »</u>		
		Adressé aud. pour le remplir,		
		N° 2, m/ b^{et} à s/ ord/, 5 avril.............	1155	»
		29. ———— du 17 idem. ————		
9.	5.	VINCENT A EFFETS A RECEVOIR,		
		N° 102, s/ Bordeaux, 15 avril.............	1155	»
		30. ———— du 18 idem. ————		
3.	9.	MARCH^{es} G^{les} A DANIEL, A ROUEN,		
		S/ facture............................	787	50
		31. ———— du 19 idem. ————		
9.	5.	DANIEL, A ROUEN, A EFFETS A PAYER,		
		N° 3, s/ t^{te} à s/ ord/, 15 avril.............	787	50
		32. ———— du 20 idem. ————		
3.	9.	MARCH^{es} G^{les} A BARRAUX, A LYON,		
		Retour de m/ envoi du 13 courant..........	1050	»
		33. ———— du 20 idem. ————		
3.	2.	MARCH^{es} G^{les} A CAISSE,		
		Port du retour de Barraux.................	10	80
		34. ———— du 22 idem. ————		
3.	9.	MARCH^{es} G^{les} A DANIEL, A ROUEN,		
		S/ facture............................	2680	»
		35. ———— du 22 idem. ————		
		MARTIAL, A FONTAINEBLEAU,		
		A VIN DE BORDEAUX,		
		5 hectolitres	1050	»
		36. ———— du 22 idem. ————		
		EFFETS A RECEVOIR		
		A MARTIAL, A FONTAINEBLEAU,		
		N° 103, m/ mand/ ord/ Daniel, à vue......	1050	

		37. ———— du 22 janvier 1844. ————	
5.	3.	EFFETS A RECEVOIR A VIN DE BORDEAUX,	
		Tiré sur Martial, à Fontainebleau,	
		N° 103, m/ mand/ ord/ Daniel, à vue. 1050 »	
		En paiement de	
		5 hectol. de vin de Bordeaux...............	1050 »
		38. ———— du 24 idem. ————	
9.	5.	DANIEL, A ROUEN, A EFFETS A RECEVOIR,	
		N° 103, s/ Fontainebleau, à vue............	1050 »
		39. ———— du 25 idem. ————	
2.	8.	CAISSE A PORTEL, A PARIS,	
		Reçu à la caisse dudit....................	1000
		40. ———— du 27 idem. ————	
1.	2.	LOYER PAYÉ PAR AVANCE A CAISSE,	
		Payé six mois au propriétaire..............	1000 »
		44. ———— du 29 idem. ————	
7.	2.	JOURDAIN, A PARIS, A CAISSE,	
		Payé en espèces audit....................	72 »
		42. ———— du 30 idem. ————	
6.	2.	DÉPENSES DOMESTIQUES A CAISSE,	
		Porté en dépense :	
		Les dépenses de bouche du mois...... 140 »	
		Le mois de gages de ma domestique... 20 »	160 »
		43. ———— du 31 idem. ————	
6.	2.	FRAIS GÉNÉRAUX A CAISSE,	
		Payé ce qui suit :	
		A m/ commis, ses appoint* de janvier. 125 »	
		A m/ garçon de magasin, *idem*........ 87 50	
		Porté en dépense:	
		Les ports de lettres du mois......... 16 50	229 »

6.

Formule des deux articles qu'il faudrait faire si l'on n'usait pas de la ressource des articles de divers à tel.	

44. ——— du 1er février 1844. ———

LORIOT, A PARIS,   A MARCH^{es} G^{les},
M/ facture............................2592 »

45. ——— du 1er idem. ———

PERNOT ET Cie, A PARIS, A MARCH^{es} G^{les},
M/ facture............................ 980 ▲

Formule d'un article de divers à tel.

46. ——— du 1er idem. ———

3. DIVERS   A MARCH^{es} G^{les},
8. LORIOT, A PARIS,
   M/ facture .... 2592 »
10. PERNOT et Cie, A PARIS,
   M/ facture .... 980 » 3572 »

Formule des deux articles qu'il faudrait faire si l'on n'usait pas de la ressource des articles de tel à divers.

47. ——— du 1er idem. ———

MARCH^{es} G^{les}   A ROUGET, A LYON,
S/ facture............................1600 »

48. ——— du 1er idem. ———

MARCH^{es} G^{les}   A BRUAND, A ROUEN,
S/ facture .... 720 »

Formule d'un article de tel à divers.

49. ——— du 1er idem. ———

3. MARCH^{es} G^{les}   A DIVERS,
8. A ROUGET, A LYON,
   S/ facture..................... 1600 »
10. A BRUAND, A ROUEN,
   S/ facture..................... 720 » 2320 »

50. ——— du 3 idem. ———

9. RAIMOND, A PARIS,   A DIVERS,
3. A MARCH^{es} G^{les},
   25 p. rouennerie................. 2250 »
3. A VIN DE BORDEAUX,
   2 hectolitres .... 450 » 2680 »

	51. ———— du 5 février 1844. ————					
9.	DIVERS	A VINCENT, A BORDEAUX,				
	S/ facture des march⁵ᵉˢ ci-dessous :					
3.	VIN DE BORDEAUX,					
	12 hectolitres.	1440	»			
4.	SUCRE,					
	2 barriques	1650	»	3090	»
	52. ———— du 5 idem. ————					
2.	CAISSE	A DIVERS,				
10.	A PERNOT et Cⁱᵉ, A PARIS,					
	Reçu en espèces.	980	»			
8.	A PORTEL, A PARIS,					
	Reçu à sa caisse.	3000	»	3980	»
	53. ———— du 5 idem. ————					
2.	DIVERS	A CAISSE,				
9.	DANIEL, A ROUEN,					
	Adressé un group de.	1630	»			
10.	BRUAND, A ROUEN,					
	Adressé un group de.	720	»	2350	»
	54. ———— du 6 idem. ————					
8.	DIVERS	A LORIOT, A PARIS,				
2.	CAISSE,					
	S/ remise en espèces.	2514 25				
4.	ESCOMPTES ET RABAIS,					
	Escompte 3 p. °/₀	77 75	2592	»		
	55. ———— du 6 idem. ————					
8.	ROUGET, A LYON,	A DIVERS,				
2.	A CAISSE,					
	M/ envoi en espèces	1552	»			
4.	A ESCOMPTES ET RABAIS,					
	Escompte 3 p. °/₀	48	»	1600	»

5.

~~56~~. ——————— du 8 février 1844. ———————

9. DIVERS   A RAIMOND, A PARIS,

5. EFFETS A RECEVOIR,

N° 104, s/ Paris, 10 février.. 500 »
» 105, s/ Bordeaux, 10 avril 500 » } 1000 »

2. CAISSE,

Espèces........................ 1650 »

4. ESCOMPTES ET RABAIS,

Rabais .... 30 » | 2680 »

———————

57. ——————— du 8 idem. ———————

9. VINCENT, A BORDEAUX,   A DIVERS,

5. A EFFETS A PAYER,

N° 4, m/ b^et à s/ ord/, 5 mai. ...... 1000 »

5. A EFFETS A RECEVOIR,

N° 105, s/ Bordeaux, 10 avril....... 500 »

8. A PORTEL, A PARIS,

M/ bon sur sa caisse............. 1542 30

4. A ESCOMPTES ET RABAIS,

Escompte 3 p. % sur fr. 1590. ..... 47 70 | 3090 »

———————

58. ——————— du 9 idem. ———————

5. EFFETS A RECEVOIR   A DIVERS,

Escompté à J. Siret père et fils, à Paris,
le bordereau ci-dessous :

N° 106, s/ Amiens, 31 mars. 700 »
» 107, s/ Mâcon, 1er avril.. 800 » } 2164 85
» 108, s/ Verdun, 5 *idem*. 664 85

2. A CAISSE,

Compté en espèces le produit net..... 2132 25

6. A PROFITS ET PERTES,

Intérêts à 6 p. %.......... 19 10
Comm^on et change de place { 32 60 | 2164 85
5/8 p. %................. 13 50

	59. ——— du 10 février 1844. ———			
5.	DIVERS A EFFETS A RECEVOIR,			
	Négocié à Trullat, à Paris, les effets ci-dessous :			
	N° 106, s/ Amiens, 31 mars.. 700 »	} 1364 85		
	» 108, s/ Verdun, 5 avril... 664 85			
2.	CAISSE,			
	Reçu en espèces pour produit net.... 1349 55			
6.	PROFITS ET PERTES,			
	Intérêts à 5 p. %........... 11 90	} 15 30	1364 85	
	Change de place 1/4 p. %.... 3 40			
	60. ——— du 10 idem. ———			
2.	CAISSE A DIVERS,			
5.	A EFFETS A RECEVOIR,			
	N° 104, encaissé................ 500 »			
3.	A MARCH^{es} G^{les},			
	Vente au comptant.............. 336 »		836 »	
	61. ——— du 12 idem. ———			
3.	DIVERS A MARCH^{es} G^{les},			
	M/ facture à Gérin, à Paris........ 1792 »			
	Reçu en paiement ce qui suit :			
5.	EFFETS A RECEVOIR,			
	N° 109, s/ Cambrai, 15 février 700 »	} 1370 »		
	» 110, s/ Béziers, 20 mars.. 670 »			
2.	CAISSE,			
	Espèces .... 422 »		1792 »	
	62. ——— du 12 idem. ———			
3.	MARCH^{es} G^{les} A DIVERS,			
	Facture Bonin, à Paris............ 3600 »			
	Payé de la manière suivante :			
5.	A EFFETS A RECEVOIR,			
	N° 109, s/ Cambrai, 15 février. ..... 700 »			
2.	A CAISSE,			
	Espèces. .... 2792 »			
4.	A ESCOMPTES ET RABAIS,			
	Escompte 3 p. %................ 108 »		3600 »	

10.

Formule dont il ne faut pas se servir pour les achats réglés en partie. Cette observation s'applique aux ventes et aux échanges.

Formule des deux articles à faire pour les achats réglés en partie. Cette observation s'applique aux ventes et aux échanges.

---

63. ——— *du 12 février 1844.* ———

		VIN DE BORDEAUX	**A DIVERS,**	
		Reçu de Vinon		
		10 *hectolitres à fr.* 115 .... 1150 »		
		A EFFETS A RECEVOIR,		
		Remis à Vinon à valoir,		
		Nº 107, s/ *Mâcon*, 1er *avril*........ 800 »		
		A VINON, A BERCY,		
		Reste à lui payer................ 350 »	1150 »

64. ——— *du 12 idem.* ———

3.	7.	VIN DE BORDEAUX	A VINON, A BERCY,	
		10 hectolitres à fr. 115....................	1150 »

65. ——— *du 12 idem.* ———

7.	5.	VINON, A BERCY,	A EFFETS A RECEVOIR,	
		Nº 107, s/ Mâcon, 1er avril.................	800 »

66. ——— *du 14 idem.* ———

10.		FATOUDET, A PARIS,	A DIVERS,	
3.		A VIN DE BORDEAUX.		
		6 hectolitres à fr. 150 . .... 900 »⎫ 1625 »		
		5 idem 145 ...... 725 »⎭		
4.		A SUCRE,		
		1 barrique de 500 kilogr. à fr. 1 90.. 950 »	2575 »

67. ——— *du 14 idem.* ———

10.		DIVERS	A FATOUDET, A PARIS,	
5.		EFFETS A RECEVOIR,		
		Nº 111, s/ Paris, 15 mai.... 950 »⎫ 1200 »		
		» 112, id., 15 id..... 250 »⎭		
2.		CAISSE,		
		Espèces........................ 375 »	1575 »

68. ——— *du 15 idem.* ———

5.	7	EFFETS A RECEVOIR	A MAURICE, A PARIS.	
		Nº 113, s/ Paris, 10 mai. .... 1500 »		
		» 114, id., 20 id........ . 1000 »	2500 »

	69. ——— du 15 février 1844. ———			
7.	MAURICE, A PARIS, A DIVERS ,			
2.	A CAISSE,			
	M/ remise en espèces.... .... 1956 70			
6.	A PROFITS ET PERTES,			
	Intérêts à 6 p. %........... 36 40 ⎫			
	Comm^{on} 1/8 p. %s/ fr. 1500. 1 90 ⎬ 43 30	2000	»
	Ch^{se} de place 1/2 p. % s/ f. 1000 5 » ⎭			
	70. ——— du 16 idem. ———			
4. 3.	MARCH^{es} CHEZ CORNUT A MARCH^{es} G^{les},			
	30 p. calicot, 1200 m. à fr. 0 60. 720 »			
	5 p. drap noir, 200 m. à fr. 18 » 3600 »	4320	»
	71. ——— du 16 idem. ———			
7.	ÉTOFFES DE QUINET A DIVERS,			
10.	A QUINET, A ROUBAIX,			
	50 p. ensemble 2000 m à fr. 1 25.... 2500 »			
2.	A CAISSE ,			
	Payé le port desdites étoffes.. 45 » ⎫			
	Payé le pourboire au camion- ⎬ 45 75	2545 75	
	neur...................... » 75 ⎭			
	72. ——— du 17 idem. ———			
5.	DIVERS A EFFETS A RECEVOIR,			
	Remis en compte à Portel ,			
	N° 113, s/ Paris, 10 mai...... 1500 ⎫			
	» 111, id., 15 id ...... 950 ⎬ 3700 »		
	» 112, id., 15 id ...... 250 ⎪			
	» 114, s/ Lille, 20 id ...... 1000 ⎭			
8.	PORTEL A PARIS,			
	Produit net de m/ bordereau, valeur de			
	ce jour 3653 90			
6.	PROFITS ET PERTES,			
	Intérêts à 5 p. % l'an....... 44 85 ⎫			
	Ch^{se} de place 1/8 p. % sur ⎬ 46 10	3700	»
	fr. 1000.................. 1 25 ⎭			

73. ——————— du 17 février 1844. ———————

2.	8.	CAISSE A PORTEL, A PARIS,				
		Reçu à la caisse dudit....................			1500	»

74. ——————— du 19 idem. ———————

	2.	DIVERS A CAISSE,				
	7.	MAURICE, A PARIS,				
		M/ remise en espèces.............. 500 »				
	7.	GÉRIN, A PARIS,				
		Remboursé à Bonin				
		fr. 700 retour de m/ remise N° 109 sur				
		Cambrai, venant de Gérin, et s'élevant				
		avec ports de lettres à.............. 701 40	1201	40

75. ——————— du 20 idem. ———————

2.	7.	CAISSE A GÉRIN, A PARIS,				
		Reçu dudit.			701	40

76. ——————— du 21 idem. ———————

2.	4.	CAISSE A MARCHᵉˢ CHEZ CORNUT,				
		Reçu pour produit net de mes marchandises..			5370	40

77. ——————— du 21 idem. ———————

4.	6.	Mᵉˢ CHEZ CORNUT A PROFᵗˢ ET PERTES,				
		Solde du premier compte..................			1050	40

78. ——————— du 22 idem. ———————

		DIVERS A VINCENT, A BORDEAUX,				
		SUCRE,				
		1 barr. de 550 kilogr. à fr. 1 20..... 660 »				
		VIN DE BORDEAUX,				
		4 hect. à fr. 110.................. 440 »	1100	»

79. ——————— du 22 idem. ———————

		VINCENT, A BORDEAUX, A DIVERS,				
		A EFFETS A RECEVOIR,				
		N° 110 s/ Béziers, 20 mars......... 670 »				
		A CAISSE,				
		Espèces............................ 430 »	1100	»

Formule des deux articles qu'il faudrait faire si l'on n'usait pas de la ressource des articles de divers à divers.

80. ———— du 22 février 1844. ————

DIVERS   A DIVERS,

       Reçu de Vincent, à Bordeaux :

4. SUCRE ,

   1 barr. de 550 kil. à fr. 1 20.. 660 »

3. VIN DE BORDEAUX ,   1100 »

   4 hectolitres à fr. 110....... 440 »

       Adressé en paiement ce qui suit :

5. A EFFETS A RECEVOIR,

   N° 110, sur Béziers, 20 mars....... 670 »

2. A CAISSE,

   Espèces .... 430 »   1100

81. ———— *du 24 idem.* ————

*ROUSSELOT J** ET C**   A DIVERS,*

A SUCRE,

   2 barriques..................... 1875 »

A VIN DE BORDEAUX,

   6 hectolitres .... 900 »

A ÉTOFFES DE QUINET,

   50 pièces .... 2500 »   5275

82. ———— *du 24 idem.* ————

*DIVERS   A ROUSSELOT J** ET C**,*

EFFETS A RECEVOIR,

   N° 115, s/ Lyon , 25 mai.. 1200 »

   » 116, s/ Paris, 25 id... 2500 »   3700 »

CAISSE ,

   Espèces 1527 75

ESCOMPTES ET RABAIS,

   Esc^te 3 p. °/o s/ fr. 1575 payés comptant..................... .... 47 25   5275

83. ———— du 24 idem. ————

DIVERS   A DIVERS ,

      Reçu de Rousselot j^ae et Cie, à Paris,

ce qui suit d'autre part :

Formule du seul article à faire quand on use de la ressource des articles de divers à divers.

Formule des deux articles qu'il faudrait faire si l'on n'usait pas de la ressource des articles de divers à divers.

14.

Formule du seul article à faire quand on use de la ressource des articles de divers à divers.

5.		EFFETS A RECEVOIR,		
		N° 115, s/ Lyon, 25 mai. 1200		
		» 116, s/ Paris, 25 mai. 2500	3700 »	
2.		CAISSE,		
		Espèces................. 1527 75	5275 »	
4.		ESCOMPTES ET RABAIS,		
		Esc^te 3 p. °/₀ s/ fr. 1575 payés		
		comptant 47 25		

Pour me couvrir de m/ livraison de ce jour composée comme suit :

4.	A SUCRE,			
	2 barriques..................... 1875 »			
3.	A VIN DE BORDEAUX,			
	6 hectolitres................... 900 »			
7.	A ÉTOFFES DE QUINET,			
	50 pièces...................... 2500 »	5275 »	

84. ——— du 24 février 1844. ———

7.	6.	ÉTOFFES DE QUINET A PROFITS ET PERTES,		
		M/ comm^on à 3 p. °/₀ sur fr. 2500...........	75 »	

85. ——— du 24 idem. ———

10.	7.	QUINET, A ROUBAIX, A ÉTOFFES DE QUINET,		
		Solde du dernier compte.	120 75	

86. ——— du 26 idem. ———

DIVERS   A DIVERS,

Reçu d'Érotin, à Paris, savoir :

5.		EFFETS A RECEVOIR,		
		N° 117, s/ Paris, 25 mai.... . 1200 »		
2.		CAISSE,	1203 »	
		Espèces. .... 3 »		

En échange de ce qui suit :

5.	A EFFETS A RECEVOIR,			
	N° 115, sur Lyon, 25 mai.......... 1200 »			
6.	A PROFITS ET PERTES,			
	Bonification.................. 3 »	1203 »	

		87. ——— du 28 février 1844. ———		
6.	10.	PROFITS ET PERTES A FATOUDET,		
		Solde du compte dudit mort insolvable........	1000	»
		88. ——— du 29 idem. ———		
8.	6.	PORTEL, A PARIS, A PROFITS ET PERTES,		
		Intérêts en m/ faveur......................	34	20
		89. ——— du 29 idem. ———		
8.	8.	PORTEL, C.ᵗᵉ *Nouveau*, A LUI-MÊME, Cᵗᵉ *Ancien*,		
		Solde à nouveau, valeur de ce jour..........	4645	80
		90. ——— du 29 idem. ———		
	2.	DIVERS A CAISSE,		

DÉPENSES DOMESTIQUES ,
Dépenses de bouche du mois.... 150 ⎱ 170 »
Le mois de gages de ma domestique 20 ⎰

FRAIS GÉNÉRAUX,
Appointements de m/ commis. 125 »
Appointements de m/ garçon
de magasin........ ...... 37 50 ⎱ 264 50 434 30
Ports de lettres........... 17 »
2/12 des impᵗˢ et de la patente 35 »

		91. ——— du 29 idem. ———		
6.	7.	FRAIS GÉNÉRAUX A LOYER A PAYER,		
		Porté en dépense 2 mois de loyer échu ce jour.	333	35

OBSERVATION IMPORTANTE. Ici se terminent nos opérations commerciales, et par conséquent les articles que nous étions obligés de porter au Journal : ceux qui résultent des bénéfices que nous avons faits, des pertes que nous avons éprouvées sur tel ou tel compte, et qui conduisent à déterminer notre position, appartiennent au Livre des Inventaires. En effet, la loi ne dit pas qu'on doive faire au journal des articles qui indiquent à tous ceux qui pourraient le consulter ce qu'on a gagné ou perdu sur chaque compte en particulier, pas plus qu'elle n'exige qu'on y résume ses bénéfices et ses pertes, pour faire savoir aux indiscrets de combien le capital diminue ou grossit tous les ans. En tenant ainsi notre Journal, et en ne portant pas au Grand Livre le compte de Capital, nous craignons beaucoup moins que les curieux n'y lisent ce qu'ils y voudraient lire.

LIVRE DES INVENTAIRES.

1. ——— du 29 février 1844. ———	
MARCH^{es} GÉN^{les} A PROFITS ET PERTES,	
M/ bénéfices sur le premier compte	3750 93
2. ——— du 29 idem. ———	
VIN DE BORDEAUX A PROF. ET PERT.,	
M/ bénéfices sur le premier compte	835 »
3. ——— du 29 idem. ———	
SUCRE A PROFITS ET PERTES,	
M/ bénéfices sur le premier compte	515 »
4. ——— du 29 idem.	
ESCOMPTES et RABAIS A PROF. et PERT.,	
Solde du premier compte	48 70
5. ——— du 29 idem. ———	
PROFITS ET PERTES A FRAIS G^{aux}.,	
Solde du dernier compte	898 85
6. ——— du 29 idem. ———	
PROFITS et PERTES A DÉPENSES DOM.,	
Solde du dernier compte	486 »
7. ——— du 29 idem. ———	
PROFITS ET PERTES A CAPITAL,	
Solde du premier compte présentant mes bénéfices nets	3847 90

	8. ——— du 29 idem. ———	
6.	DIVERS A PROFITS ET PERTES,	
3.	MARCH^{es} G^{les},	
	M/ bénéfices 3750 93	
3.	VIN DE BORDEAUX,	
	M/ bénéfices . . . . 835 »	
4.	SUCRE,	
	M/ bénéfices . . . . 515 »	
4.	ESCOMPTES ET RABAIS,	
	Solde dud. compte 48 70	5149 63

9. ——————— du 29 février 1844. ———————

6.	PROFITS ET PERTES	A DIVERS,	
6.	A FRAIS G^{aux},		
	Solde dudit compte...............	898 85	
6.	A DÉPENSES DOMESTIQUES,		
	Solde dudit compte..............	480 »	
1.	A CAPITAL,		
	Mes bénéfices nets formant le solde du		
	compte de profits et pertes..........	3847 90	5226 75

10. ——————— du 29 idem. ———————

DIVERS. C^{tes} *Nouv.*, A EUX-MÊMES, C^{tes} *Anciens*,

1.	1.	MOBILIER,	
		Un comptoir..................... 75 »	
1.	1.	LOYER PAYÉ PAR AVANCE,	
		Solde dudit compte............... 1000 »	
2.	2.	CAISSE,	
		Espèces en caisse................. 7709 20	
3.	3.	MARCH^{es} G^{les},	

Marchandises en magasin :

8 p. de soie, ensemble 320 m. à fr. 5 » 1600 »

3	3.	VIN DE BORDEAUX,

Vin de Bordeaux en cave :

5 hect. à fr. 115 » .... 575 » ⎫
4 *id.* à fr. 110 » .... 440 » ⎬ 1015 »
⎭

5.	5.	EFFETS A RECEVOIR,

Valeurs en portefeuille :

N° 101, sur Paris, 10 avril... 540 » ⎫
» 116, *id.* 25 mai... 2500 » ⎬ 4240 »
» 117, *id.* 25 *id*.... 1200 » ⎭

8.	8.	PORTEL A PARIS,	
		Solde dud. compte............... 4645 80	20285 »

8.

		11. ———— du 29 février 1844. ————
		DIVERS, *C^les Anciens*, A EUX-MÊMES, *C^les Nouv.*
5.	5.	EFFETS A PAYER,

Mes B^els et Accep^on en circulation :

N° 1, m/b^et o/Bruand, 5 mars.	432	»	
» 2, *idem*, » Sénac, 5 avril.	1155	»	
» 3, traite de Daniel, 15 avril.	787	50	3374 50
» 4, m/b^et o/Vincent, 5 mai. .	1000	»	

7.	7.	LOYER A PAYER,		
		Solde dudit compte.	333	35
7	7.	VINON A PARIS, *Cte de divers*,		
		Solde id compte.	350	»
10.	10.	QUINET A ROUBAIX,		
		Solde dud. compte.	2379	25
1.	1.	CAPITAL,		
		Solde présentant m/ actif net.	13847	90

20285 »

GRAND LIVRE

DE

MUNIER A PARIS

Fᵒ 1.

Doit.   CAPITAL.

1844. Février.	29	à Cᵗᵉ ɴᴏᴜᴠᴇᴀᴜ,	solde à nouveau	3	1	13847	90
						13847	90

Doit.   MOBILIER.

1844. Janvier.	2	à Cᴀɪssᴇ,	prix d'un comptoir.............	1	2	75	»

Doit.   LOYER PAYÉ

1844. Janvier.	27	à Cᴀɪssᴇ,	6 mois payés au propriétaire......	5	2	1000	»

CAPITAL.

Avoir.

1844.								
Janvier.	1	par Caisse,	m/ versement en espèces.....	1	2	10000	»
Février.	29	» Profits et pertes,	m/ bénéfices nets...............	2	6	3847	90
						13847	90
Mars.	1	par Cᵗᵉ ancien,	solde ancien.......	3	1	13847	90

MOBILIER.

Avoir.

PAR AVANCE.

Avoir.

F° 2.

Doit. CAISSE.

1844.								
Janvier.	1	à Capital,	m/ versement en espèces.........	1	1	10000	»
	8	» March^{es} G^{les},	reçu de Raimond..............	2	3	5280	»
	12	» Loriot,	reçu en espèces..............	2	8	1856	25
	25	» Portel,	idem................	5	8	1000	»
Février.	5	» Divers,	idem..............	7	»	3980	»
	6	» Loriot,	s/ remise en espèces...........	7	8	2514	25
	8	» Raimond,	idem..............	10	9	1650	»
	10	» Effets à recevoir,	reçu de Trullat..............	9	5	1349	55
	»	» Divers ,	reçu pour divers objets..........	9	»	836	»
	12	» March^{es} G^{les},	reçu de Gérin..........	9	3	422	»
	14	» Fatoudet ,	reçu en espèces..............	10	10	375	»
	17	» Portel,	reçu à sa caisse...........	12	8	1500	»
	20	» Gérin ,	reçu dudit...............	12	7	701	40
	21	» M^{es} chez Cornut,	reçu de Cornut..............	12	4	5370	40
	24	» Divers ,	reçu de Rousselot J^{ne} et Cie......	14	»	1527	75
	26	» id.,	reçu d'Érotin............	14	»	3	»
						38365	60
Mars.	1	à Cte ancien,	espèces en caisse...	2	2	7709	20

CAISSE.

1844.							
Janvier.	2	par MOBILIER,	prix d'un comptoir.............	1	1	75	»
	3	» MARCHᵉˢ Gˡᵉˢ,	payé à Cornet.....	1	3	5040	»
	11	» ROUGET,	m/ envoi en espèces......	2	8	2925	»
	13	» DÉPENSES DOMESTᵉˢ,	payé à m/ tailleur............	3	6	150	»
	15	» PROFITS ET PERTES,	perte de ma bourse.............	3	6	100	»
	»	» PORTEL,	versé à sa caisse..	3	8	8000	»
	20	» MARCHᵉˢ Gˡᵉˢ,	port.........	4	3	10	80
	27	» LOYER PAR AVANCE,	payé 6 mois..................	5	1	1000	»
	29	» JOURDAIN,	m/ paiement en espèces..........	5	7	72	»
	30	» DÉPENSES DOMESTᵉˢ,	diverses dépenses.............	5	6	160	»
	31	» FRAIS GÉNÉRAUX,	divers frais................	5	6	229	»
Février.	5	» DIVERS,	envois en espèces..............	7	»	2350	»
	6	» ROUGET,	m/ envoi en espèces............	7	8	52	»
	9	» EFFETS A RECEVOIR,	compté à J. Siret père et fils.......	8	5	2132	25
	12	» Marchᵉˢ Gˡᵉˢ,	payé à Bonin..................	9	3	2792	»
	15	» MAURICE,	payé audit Maurice....	11	7	1956	70
	16	» ÉTOFFES DE QUINET,	port et pour boire.............	11	7	45	75
	19	» DIVERS,	payé pour divers objets..........	12	»	1201	40
	22	» id.	payé à Vincent...............	13	»	430	»
	29	» id.	frais et dépenses......	15	»	434	50
	»	» Cᵗᵉ NOUVEAU,	espèces en caisse.	2	2	7709	20
						38365	60

F° 3.

Doit. MARCHANDISES

1844.							
Janvier.	3	à Caisse,	facture Cornet.............	1	2	5040	»
	4	» Effets a payer ,	facture Bruand	1	5	432	»
	5	» Rouget,	sa facture.................. .	1	8	2925	»
	16	» March^{es} g^{les},	facture Logeotte....	3	3	2025	»
	18	» Daniel ,	sa facture.......	4	9	787	50
	20	» Barraux ,	retour de marchandises........	4	9	1050	»
	»	» Caisse,	port du retour ci-dessus	4	2	10	80
	22	» Daniel ,	sa facture.................. .	4	9	2680	»
Février.	1	» Divers,	facture de divers............. .	6	»	2320	»
	12	» Divers ,	facture Bonin	9	»	3600	»
	29	» Profits et pertes ,	m/ bénéfices............	1	6	3750	95
						24621	25
Mars.	1	à Compte ancien ,	marchandises en magasin,........	2	3	1600	»

Doit. VIN DE

1844.							
Janvier.	16	à Vincent,	7 hectolitres	3	9	1155	»
Février.	5	» id.	12 id.....................	7	9	1440	»
	12	» Vinon ,	10 id...............	10	7	1150	»
	22	» Divers ,	4 id.................	13	»	440	»
	29	» Profits et pertes ,	m/ bénéfices	1	6	835	»
						5020	»
Mars.	1	à Compte ancien ,	vin en cave...	2	3	1015	»

GÉNÉRALES

Avoir.

1844.								
Janvier.	8	par Caisse,	m/ facture à Raimond..	2	2	5280	»
	9	» Effets a recevoir,	m/ facture à Gonot,..............	2	5	540	»
	10	» Loriot,	m/ facture.....:........	2	8	1856	25
	15	» Barraux,	m/ facture...........	3	9	1050	»
	16	» March^{es} g^{les},	m/ facture à Lageotte............	3	3	2025	»
Février.	1	» Divers,	m/ factures	6	»	3572	»
	3	» Raimond,	m/ facture...................	6	9	2250	»
	10	» Caisse,	vente au comptant	9	2	336	»
	12	» Divers,	m/ facture à Gérin	9	»	1792	»
	16	» M^{es} chez Cornut,	m/ facture.............	11	4	4320	»
	29	» Cte nouveau,	marchandises en magasin.	2	3	1600	»
						24621	25

BORDEAUX.

Avoir.

1844.								
Janvier.	22	par Effets a recevoir,	5 hectolitres......	5	5	1050	»
Février.	3	» Raimond,	2 id.....................	6	9	430	»
	14	» Fatoudet,	11 id......	10	10	1625	»
	24	» Divers,	6 id..	14	»	900	»
	29	» Cte nouveau,	vin en cave.................	2	3	1015	»
						5020	»

F° 4.

Doit. SUCRE.

1844. Février.								
	5	à Vincent,	2 barriques.................	7	9	1650	»
	22	» Divers,	1 barrique..................	13	»	660	»
	29	» Profits et pertes,	m/ bénéfices........	1	6	515	»
						2825	»

Doit. MARCHANDISES

1844. Février.								
	16	à March^{es} c^{ies},	m/ envoi de march^{es} à Cornut....	11	3	4320	»
	21	» Profits et pertes,	solde.....................	12	6	1050	40
						5370	40

Doit. ESCOMPTES

1844. Février.								
	6	à Loriot,	escompte....................	7	8	77	75
	8	» Raimond,	rabais....................	8	9	30	»
	24	» Divers,	escompte..................	14	»	47	25
	29	» Profits et pertes,	solde..................	1	6	48	70
						203	70

F° 4.

SUCRE.

Avoir.

1844. Février.							
14	par Fatoudet,	1 barrique..................	10	10	950	»
24	» Divers,	2 barriques..........	11	»	1875	»
					2825	»

CHEZ CORNUT.

Avoir.

1844. Février.							
21	par Caisse	produit net de la vente.........	12	2	5370	40
					5370	40

ET RABAIS.

Avoir.

1844. Février.							
6	par Rouget,	escompte	7	8	48	»
8	» Vincent,	id.	8	9	47	70
12	» Marches cles,	id.	9	3	108	»
					203	70

F° 5.

Doit. EFFETS

1844. Février.	29	à Cte NOUVEAU.	m/ accept^{on} et mes b^{ets} en circulat^{on}.	3	b	3374	50
						3374	50

Doit. EFFETS

1844. Janvier.	9	à March^{es} G^{es},	N° 101, sur Paris............	2	3	540	»
	17	» Effets a payer,	» 102, » Bordeaux	4	5	1155	»
	22	» Vin de Bordeaux ,	» 103, » Fontainebleau	5	3	1050	»
Février.	8	» Raimond ,	» 104, 105, sur divers..	8	9	1000	»
	9	» Divers ,	» 106, 107, 108, sur divers......	8	»	2164	85
	12	» March^{es} G^{les},	» 109, 110, sur divers..........	9	3	1370	»
	14	» Fatoudet,	» 111, 112, sur Paris	10	10	1200	»
	15	» Maurice,	» 113, 114, » divers.........	10	7	2500	»
	24	» Divers,	» 115, 116, » id...	14	»	3700	»
	26	» Divers ,	» 117, sur Paris	14	»	1200	»
						15879	85
Mars.	1	à Cte ancien ,	N°s 101, 116, 117, en portefeuille..	2	5	4240	»

A PAYER.

Avoir.

1344. Janvier.								
Janvier.	4	par March^{es} G^{les},	N° 1, m/ b^{et} o/ Bruand....... ...	1	3	432	»
	17	» Effets a recevoir,	» 2, *id.* o/ Sénac...........	4	5	1155	»
	19	» Divers,	» 3, s/ t^{te} à s/ ord/...........	4	9	787	50
Février.	8	» Vincent,	» 4, m/ b^{et} à s/ ord/...........	8	9	1000	»
						3374	50
Mars.	1	par Cte ancien,	N°s 1, 2, 3, 4, en circulation.......	3	5	3374	50

A RECEVOIR.

Avoir.

1844. Janvier.								
Janvier.	17	par Vincent,	N° 102, s/ Bordeaux............	4	9	1155	»
	24	» Daniel,	» 103, » Fontainebleau........	5	9	1050	»
Février.	8	» Vincent,	» 105, » Bordeaux...........	8	9	500	»
	10	» Divers,	» 106, 108, sur divers.........	9	»	1364	85
	»	» Caisse,	» 104, s/ Paris	9	2	500	»
	12	» March^{es} G^{les},	» 109, » Cambrai...........	9	3	700	»
	»	» Vinon,	» 107, » Mâcon...............	10	7	800	»
	17	» Divers,	» 113, 111, 112, 114, sur divers..	11	»	3700	»
	22	» *id.*	» 110, s/ Béziers............	13	»	670	»
	26	» *id.*	» 115, » Lyon	14	»	1200	»
	29	» Cte nouveau,	vaieurs en portefeuille..........	2	5	4240	»
						15379	85

F° 6.

Doit.   PROFITS

1844.								
Janvier.	15	à Caisse ,	perte de ma bourse	3	2	100	»
	10	» Effets a recevoir ,	perte à la négociation	9	5	15	30
	17	» id.	id................	11	5	46	10
	28	» Fatoudet ,	solde du c¹ᵉ dud. mort insolvable..	15	10	1000	»
	29	» Divers ,	articles d'inventaire............	2	»	5226	75
						6388	15

Doit.   FRAIS

1844.								
Janvier.	13	à Jourdain ,	2 stères de bois................	2	7	72	»
	31	» Caisse ,	divers frais	5	2	229	»
Février.	29	» id.	id	15	2	264	50
	»	» Loyer a payer ,	2 mois de loyer échu...........	15	7	333	35
						898	85

Doit.   DÉPENSES

1844.								
Janvier.	13	à Caisse ,	payé à m/ tailleur.............	3	2	150	»
	30	» id.	diverses dépenses............	5	2	160	»
Février.	29	» id.	id	15	2	170	»
						480	»

ET PERTES.   **Avoir.**

1844.								
Février.	9	par Effets a recevoir, escompte...................	8	5		32	60
	15	» Maurice, *id*.....................	11	7		43	30
	21	» March. chez Cornut, solde dud. compte...........	12	4		1050	40
	24	» Étoffes de Quinet, m/ commission à 3 p. %........	14	7		75	»
	26	» Divers, bonification,....	14	»		3	»
	29	» Portel, intérêts...............	15	8		34	20
	»	» Divers, articles d'inventaire...........	1	»		5119	65
						6388	15

GÉNÉRAUX.   **Avoir.**

1844.							
Février.	29	par Profits et pertes, solde...................	2	6		898	85
						898	85

DOMESTIQUES.   **Avoir.**

1844.							
Février.	29	par Profits et pertes, solde.....	2	6		480	»
						480	»

Fᵒ 7.

𝕯oit.   LOYER

𝕯oit.   ETOFFES

1844. Février.	16	à Divers,	50 pièces, port et pourboire......	11	»	2545	75
	24	» Profits et pertes,	m/ comm^{on} 3 p. %...............	14	6	75	»
						2620	75

𝕯oit.   COMPTE

1844. Janvier.	29	par Jourdain,	payé en espèces................	5	2	72	»	2
Février.	12	» Vinon,	m/ remise sur Mâcon	10	5	800	»	3
	15	» Maurice,	divers objets.................	11	»	2000	»	3
	19	» id.	m/ remise en espèces..........	12	2	500	»	3
	»	» Gérin,	m/ remboursement..	12	2	701	40	
	29	» Vinon,	solde à nouveau...............	3	7	350	»	
						4423	40	

A PAYER.   𝕬𝖛𝖔𝖎𝖗.

1844. Février.	29	par Frais généraux,	2 mois de loyer échu............	15	6	333	35

DE QUINET.   𝕬𝖛𝖔𝖎𝖗.

1844. Février.	24	par Divers,	50 pièces........	14	»	2500	»
	»	» Quinet,	solde....................	14	10	120	75
						2620	75

DE DIVERS.   𝕬𝖛𝖔𝖎𝖗.

1844. Janvier.	13	à Jourdain,	2 stères de bois	2	6	72	»	s
Février.	12	» Vinon,	10 hect. de vin............	10	3	1150	»	s
	15	» Maurice,	s/ remises sur divers	10	5	2500	»	s
	20	» Gérin,	s/ remise en espèces........	12	2	701	40	s
						4423	40	
Mars.	1	à Vinon,	solde ancien	3	7	350	»	

F° 8.

Doit.   PORTEL,

1844.									
Janvier.	15	à Caisse ,	m/ versement à sa caisse........	3	2	8000	»
Février.	17	» Effets a recevoir ,	net de m/ bordereau	11	5	3653	90
	29	» Profits et pertes ,	intéréts...................	15	6	34	20
						11688	10
Mars.	1	à C¹ᵉ ancien ,	solde ancien, valeur du 29 février..	15	8	4645	80

Doit.   ROUGET,

1844.								
Janvier.	11	à Caisse ,	m/ envoi en espèces...........	2	2	2925	»
Février.	6	» Divers ,	divers objets......	7	»	1600	»
						4525	»

Doit.   LORIOT,

1844.								
Janvier.	10	à Marchᵉˢ gᵉˡᵉˢ,	m/ facture....	2	3	1856	25
Février.	1	» id.	id.................	6	3	2592	»
						4448	25

A PARIS.   **Avoir.**

1844.							
Janvier.	25	par Caisse,	reçu à sa caisse..............	5	2	1000	»
Février.	5	» id.	id..................	7	2	3000	»
	8	» Vincent,	m/ bon sur la caisse de Portel.....	8	9	1542	30
	17	» Caisse,	reçu à sa caisse..............	12	2	1500	»
	29	» Cte nouveau,	solde à nouveau.............	15	8	4645	80
						11688	10

A LYON.   **Avoir.**

1844.							
Janvier.	5	par Marches gles,	s/ facture............	1	3	2925	»
Février.	1	» id.	id..................	6	3	1600	»
						4525	»

A PARIS.   **Avoir.**

1844.							
Janvier.	12	par Caisse,	s/ remise en espèces...........	2	2	1856	25
Février.	6	» Divers,	divers objets.................	7	»	2592	»
						4448	25

F° 9.

Doit. BARRAUX,

1844.							
Janvier.	15	à March⁽ˢ⁾ G⁽ᵉˢ⁾,	m/ facture....................	3	3	1050	»

Doit. VINCENT,

1844.							
Janvier.	17	à Effets a recevoir ,	m/ remise sur Bordeaux..........	4	5	1155	»
Février.	8	» Divers ,	divers objets..................	8	»	3090	»
						4245	»

Doit. DANIEL,

1844.							
Janvier.	19	à Effets a payer,	s/ traite.....................	4	5	787	50
	24	» Effets a recevoir,	m/ remise sur Fontainebleau......	5	5	1050	»
Février.	5	» Caisse ,	m/ envoi en espèces............	7	2	1630	»
						3467	50

Doit. RAIMOND,

1844.							
Février.	3	à Divers ,	m/ facture......	6	»	2680	»

F° 9.

A LYON.   **Avoir.**

1844.							
Janvier.	20	par March^{es} G^{les},	retour de m/ envoi.............	4	3	1050	»

A BORDEAUX.   **Avoir.**

1844.							
Janvier.	16	par Vin de Bordeaux ,	s/ facture....................	3	3	1155	»
Février.	5	» Divers ,	id	7	»	3090	»
						4245	»

A ROUEN.   **Avoir.**

1844.							
Janvier.	22	par March^{es} G^{les},	s/ facture	4	3	787	50
		» id.	id....................	4	3	2680	»
						3467	50

A PARIS.   **Avoir.**

1844.							
Février.	8	par Divers ,	divers objets...........	8	»	2680	»

F° 10.

Doit. PERNOT ET Cie,

1844. Février.	1	à March^{ées} G^{les},	m/ facture....................	6	3	980	»

Doit. BRUAND.

1844. Février.	5	à Caisse,	m/ envoi en espèces...........	7	2	720	»

Doit. FATOUDET,

1844. Février.	14	à Divers,	m/ facture....................	10	»	2575	»
						2575	»

Doit. QUINET,

1844. Février.	24	à Étoffes de Quinet,	solde dud. compte.............	14	7	120	75
	29	» Cte nouveau,	solde à nouveau	3	10	2379	25
						2500	»

— **171** —

F° 10.

A PARIS.   Avoir.

1844. Février.	5	par Caisse,	s/ remise en espèces...........	7	2	980	»

A ROUEN.   Avoir.

1844. Février.	1	par Marches cles,	s/ facture ....,,.....	6	3	720	»

A PARIS.   Avoir.

1844. Février.	14	par Divers,	divers objets.	10	»	1575	»
	28	» Profits et pertes,	solde......................	15	6	1000	»
						2575	»

A ROUBAIX.   Avoir.

1844. Février.	16	par Étoffes de Quinet,	50 pièces....................	11	7	2500	»
						2500	»
Mars.	1	par C¹e ancien,	solde ancien.....	3	10	2379	25

RÉPERTOIRE DU GRAND LIVRE.

	B				**L**	
Lyon.	Barraux	9.			Loyer par Avance	1.
Rouen.	Bruand	10.			Loyer à Payer	7.
	C			Paris.	Loriot	8.
	Capital	1.			**M**	
	Caisse	2.			Mobilier	1.
	D				Marches Génles	3.
	Dépenses Domest.	6.			Mses chez Cornut	4.
Compte de	Divers	7.		Paris.	Maurice	7.
Rouen.	Daniel	9.			**P**	
	E				Profits et pertes	6.
	Escomptes et Rabais	4		Paris.	Portel	8.
	Effets à Payer	5.		Paris.	Pernot et Cie	10.
	Effets à Recevoir	5.			**Q**	
	Étoffes de Quinet	7.		Roubaix.	Quinet	10.
	F				**R**	
	Frais Généraux	6.		Lyon.	Rouget	8.
Paris.	Fatoudet	10.		Paris.	Raimond	9.
	G				**S**	
Paris.	Gérin	7.			Sucre	4.
	J				**V**	
					Vin de Bordeaux	3.
Paris.	Jourdain	7.		Bercy.	Vinon	7.
				Bordeaux.	Vincent	9.

MODELE DE L'INVENTAIRE SOUS SEING PRIVÉ PRESCRIT PAR L'ARTICLE 9 DU CODE DE COMMERCE.

Inventaire de tout ce qui compose mon Actif et mon Passif à l'époque du 29 février 1844.

ACTIF.

MOBILIER.

Un comptoir. . . . . 74 »

LOYER PAYÉ PAR AVANCE.

mois payés au propriétaire.. . . . . 1000 »

ARGENT.

Espèces en caisse. 7709 20

MARCHANDISES EN MAGASIN.

pièces de soie, ensemble 320 mètres à fr. 5.. . . . . 1600 »

VIN EN CAVE.

5 hectolitres de vin de Bordeaux à fr. 115.	575	»	
4 *id.* *id.* 110.	440	»	1015 »

EFFETS EN PORTEFEUILLE.

N 101. sur Gonot, à Paris, 10 avril.	540	»	
» 116. » Rousselot jne et Cie., à Paris, 25 avril.	2500	»	4240 »
» 117, » Hénaux, à Paris, 25 avril.	1200	»	

DÉBITEURS.

Portel, à Paris, solde de son compte. 4645 80

Total de l'actif. . . . . 20285 »

PASSIF.

BILLETS ET TRAITES ACCEPTÉES EN CIRCULATION.

N° 1, m/ billet o/ Bruand, 15 mars.	432	»	
» 2, m/ billet o/ Sénac, 5 avril.	1155	»	3374 50
» 3, traite de Daniel, 15 *id*..	787	50	
» 4, m/ billet c/ Vincent, 5 mai.	1000	»	

LOYER A PAYER.

2 mois de loyer échus. 333 35

CRÉANCIERS.

Vinon, à Paris, solde de son compte.	350	»	
Quinet, à Roubaix, solde de son compte.	2379 25		2729 25

Total du passif. 6437 10

Différence représentant mon capital. 13847 90

Somme égale au total de l'actif. . . . . 20285 »

Certifié le présent inventaire conforme à mes livres.

A Paris, le 5 mars 1844.

MUNIER.

MANIÈRE D'OUVRIR LES LIVRES D'UNE MAISON QUI A DÉJA FAIT DES AFFAIRES.

Pour ouvrir des Livres à une maison qui a déjà fait des affaires, il faut avoir une note exacte de toutes les marchandises en magasin, de l'argent en caisse, des effets en portefeuille, des billets en circulation, des débiteurs et des créanciers, enfin un inventaire de tout l'actif et de tout le passif de la maison.

Supposons qu'on nous présente l'inventaire que nous avons obtenu, et qu'on nous demande de nous en servir pour ouvrir des livres. Comme nous savons que l'actif doit former l'avoir du compte de capital, et le passif le doit, nous aurons à faire les deux articles suivants :

Du 1er mars 1844

DIVERS   A CAPITAL,
MOBILIER,
    Un comptoir. . . . .   75 »
LOYER PAYÉ PAR AVANCE,
    6 mois payés au propriétaire . . . .   1000 »
CAISSE,
    Argent en caisse. 7709 20
MARCHANDes GÉNles,
    8 p. de soie, ensemble 320 m. à fr. 5. . . . .   1600 »
VIN DE BORDEAUX,
    5 hectolitres à fr. 115.. . . . . 575 » }
    4   id.   110. . . . . 440 » } 1015 »
EFFETS A RECEVOIR,
    No 101, sur Paris, 10 avril.. . . . . . . 540 »
    » 116,   id. 25 id. . . . . 2500 » } 4240 »
    » 117,   id. 25 id. . . . . 1200 » }
PORTEL, A PARIS,
    Solde de son compte. . . . . 4645 80   20385 »

Du 1er mars 1844.

CAPITAL   A DIVERS,
A EFFETS A PAYER,
    No 1, m/ billet o/ Bruand, 15 mars. . . . . 432 » }
    » 2, m/ billet o/ Sènac, 5 avril.. . . . . 1155 » } 3374 50
    » 3, traite de Daniel, 15 id.. . . . . 787 50 }
    » 4, m/ billet o/ Vincent, 5 mai. . . . . 1000 » }
A LOYER A PAYER,
    2 mois de loyer échus. 333 35
A VINON, A PARIS,
    Solde de son compte. . . . .   350 »
A QUINET, A ROUBAIX,
    Solde de son compte. 2379 25   6437 10

Un Mot sur la Partie Simple.

Si, de la tenue des livres en partie double que nous venons de monter, on retranche les comptes de Capital, de Mobilier, de Loyer Payé par Avance, de Caisse, de Marchandises Générales, de Vin de Bordeaux, de Sucre, de Marchandises chez Cornut, d'Escomptes et Rabais, d'Effets à Payer, d'Effets à Recevoir, de Profits et Pertes, de Frais Généraux, de Dépenses Domestiques, de Loyer à Payer, d'Etoffes de Quinet, et qu'on se borne à tenir les comptes de Rouget, de Loriot, de Vinon, de Portel, de Daniel, de Quinet, etc., on fera de la partie simple. Ainsi l'on tient des livres en partie simple dès qu'on a des comptes ouverts pour les personnes avec lesquelles on fait du commerce à crédit : la blanchisseuse, le porteur d'eau et beaucoup d'autres qui ne s'en doutent pas font de la partie simple.

Or comment enseigner une méthode si défectueuse, si incomplète, si dépourvue de moyens de vérification et de principes qu'on s'étonne qu'elle porte le nom de méthode?

Cependant, comme nous ne sommes pas le maître de faire adopter les bonnes méthodes à tout le monde, nous enseignerons à ceux qui s'obstinent à faire de la partie simple comment ils doivent tenir leur journal pour se conformer aux prescriptions du Code de commerce ; car la loi n'exempte aucun commerçant d'écrire au journal toutes ses opérations de chaque jour, à mesure qu'elles se font. Cela dit, nous allons donner un modèle de Journal en partie simple, en nous servant des premiers articles de la comptabilité que nous avons montée en partie double.

JOURNAL EN PARTIE SIMPLE.

———————— du 1er janvier 1844. ————————

Versé à ma caisse une somme de.................... 10000   »

———————— du 2 idem. ————————

Acheté au comptant un comptoir.................... 75   »

———————— du 3 idem. ————————

Acheté au comptant de Cornet, à Paris,

» pièces de drap 5040   »

—————————— du 4 janvier 1844. ——————————

Acheté de Bruand, à Rouen,
20 p. de calicot.................................... .... 432 »

—————————— du 4 idem. ——————————

Remis à Bruand, à Rouen,
M/ billet à s/ ord/, 25 mars. .... • .... 43? »

—————————— du 5 idem. ——————————

AVOIR Rouget, à Lyon,
10 p. de soie .... 2925 »

—————————— du 8 idem. ——————————

Vendu au comptant à Raymond, à Paris,
6 p. de drap bleu............................... 5280 »

—————————— du 9 idem. ——————————

Vendu à Gonot, à Paris,
20 p. calicot.................................... 540 »

—————————— du 9 idem. ——————————

Reçu de Gonot, à Paris,
S/ billet à m/ ord/, 10 avril....................... 540 »

—————————— du 10 idem. ——————————

DOIT Loriot, à Paris,
5 p. de soie.................................. 1856 25

—————————— du 11 idem. ——————————

DOIT Rouget, à Lyon,
M/ envoi en espèces............................ 2925 »

—————————— du 12 idem. ——————————

AVOIR Loriot, à Paris,
Reçu à sa caisse 1856 25

—————————— du 13 idem. ——————————

Acheté de Jourdain, à Paris,
2 stères de bois................................ 72 »

Et ainsi des autres articles.

Du Grand Livre en Partie Simple.

Le Débit et le Crédit du Grand Livre en Partie Simple se trouvent ordinairement sur la même page. Ce grand livre, ainsi que nous l'avons dit, ne renferme que des comptes ouverts aux personnes avec lesquelles on fait des affaires à crédit; on n'y porte donc que les articles du Journal qui commencent par Doit et par Avoir.

Le compte de Rouget serait établi comme suit :

DÉBIT.   ROUGET A LYON.   **CRÉDIT.**

1844. Janvier.	11	m/ envoi en espè	2925	»	1844. Janvier.	5	s/ facture	2925	»

Le compte de Loriot serait établi comme suit :

DÉBIT.   LORIOT A PARIS.   **CRÉDIT.**

1844. Janvier.	10	m/ facture	1856	25	1844. Janvier.	12	reçu à s/ caisse	1856	25

Un Mot sur la Partie Mixte, le Journal-Grand-Livre-Balance et autres nouvelles inventions.

Après la Partie Simple vient la Partie Mixte. On dit de celui qui tient ses livres en partie simple, et qui, à cause de l'insuffisance de cette méthode, y mêle quelque chose de la Partie Double, qu'il fait de la Partie Mixte. Quand on en est arrivé là, on n'est pas loin d'adopter la partie double, et c'est ce qu'on a de mieux à faire.

Nous pourrions bien parler encore, et très-longuement, d'une foule d'autres méthodes, toutes plus extraordinaires les unes que les autres, mais nous nous contenterons de dire un mot du Journal-Grand-Livre-Balance, qui compte plus de deux cents inventeurs, et d'une autre méthode que nous ne voulons pas nommer, parce qu'elle n'a été inventée que par un seul.

Dans la première, le Journal s'est fait Grand Livre sans cesser d'être journal; c'est-à-dire qu'il est resté journal comme il était, et que de plus il est devenu grand livre comme un véritable grand livre ; aussi ne sera-t-on point surpris qu'il occupe à lui seul un pupitre d'un mètre carré. Ce qui n'étonnerait pas non plus, ce serait d'apprendre qu'il eût ajouté à ses fonctions habituelles les fonctions du grand livre dont il a usurpé le nom ; mais point du tout, il ne se charge que de quatre ou cinq comptes, et ces quatre ou cinq comptes figurent déjà ailleurs. A le juger sans le voir, on comprend qu'il est plus volumineux, plus embarrassant, plus confus, plus sujet à erreur qu'un autre journal ; nous ajouterons qu'il est moins clair et moins explicatif. Quant au mot Balance, l'un des quatre qui entrent dans la composition de son grand nom, n'allez pas croire qu'il signifie que le Journal-Grand-Livre-Balance donne la balance la plus utile, celle des comptes des correspondants, ou qu'il vous épargne la peine de faire des balances mensuelles, car il ne balance rien.

Dans la seconde méthode, au contraire, le Grand Livre a été supprimé comme livre de luxe, et se trouve remplacé, *on ne peut plus avantageusement,* par deux grands comptes où tous les correspondants, riches ou pauvres, viennent se poser côte à côte, à tous les folios, à toutes les places, pêle mêle ; où le même nom est répété dix fois, vingt fois, cinquante fois, au besoin, à cinquante endroits différents, et entouré de plus de vingt colonnes qui ne laissent pas que d'ajouter encore une grande obscurité à l'obscurité qui règnerait déjà suffisamment sans cette malencontreuse addition.

Avec de telles méthodes faites des comptables ; avec les comptables que vous aurez formés faites des comptabilités claires !

Conclusion.

La Tenue des Livres qui fait la matière de ce volume et des suivants est celle que nous avons apprise en la pratiquant dans des maisons de banque et de commerce de premier ordre, et par conséquent celle qu'il faut savoir pour être teneur de livres. Nous l'avons trouvée si simple, si facile, et appuyée sur des principes si vrais, que nous nous sommes bien gardé d'y changer quelque chose ; nous croyons

même qu'il n'y a plus rien à inventer en tenue des livres. Mais la ma-
nie des innovations est si grande, que nous avons cru devoir faire comprendre à nos lecteurs qu'ils doivent se défier de toutes ces nouvelles
méthodes, composées dans le cabinet par des hommes étrangers au
commerce, qui raisonnent la tenue des livres en arithméticiens, sur
des opérations qu'ils rêvent, sans tenir compte de ce qui arrive quand
on est à l'œuvre.

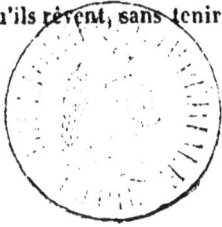

FIN DU PREMIER VOLUME.

Paris. — Typ. Morris et Comp., rue Amelot, 64.

Ouvrages de M. Hippolyte Vannier.

La Tenue des Livres telle qu'on la pratique réellement dans le commerce et dans la Banque, *ouvrage employé dans les Collèges et dans les Écoles Supérieures de la ville de Paris et des principales Villes de France, comme la meilleure méthode de tenue des livres qui ait paru jusqu'à ce jour.*

   1re PARTIE. — MÉTHODE renfermant une comptabilité de 80 articles variés. 1 vol. in-8° .... 3 fr. » c.

   2e PARTIE. — EXERCICES PRATIQUES composés d'une comptabilité de 120 articles variés, 1 vol. in-8°... 3 fr, 50 c.

   3e PARTIE. — TENUE DES LIVRES DES NÉGOCIANTS ET DES ASSOCIÉS renfermant trois comptabilités et une liquidation composées ensemble de 220 articles variés. 1 vol. in-8°...... 5 fr. 50 c.

Notions d'Arithmétique commerciale, ou Moyen d'apprendre en 9 leçons et sans Maître, à *calculer aussi vite que la pensée:* 1° les Intérêts, quels que soient le taux et le nombre des jours : 2° l'Escompte ; 3° le Bordereau d'Escompte ; 4° le Prix de Vente pour gagner tant pour 0/0, soit sur le prix de revient, soit sur le chiffre de la vente.. 1 fr. » c.

Traité pratique des Comptes Courants portant intérêts, seule méthode complète et usuelle, renfermant 41 exercices établis d'après toutes les méthodes connues, et accompagnés de raisonnements à la portée de tout le monde. 1 vol. in-8°............. 2 fr. 50 c.

Cours de Lecture sans Épellation, ou nouvelle Méthode qui résout la difficulté de la lecture sans l'étude préalable de l'alphabet.

Ouvrage adopté par l'Université.

MANUEL POUR LE MAITRE....................... » fr. 50 c.

43 GRANDS TABLEAUX in-plano pour l'enseignement mutuel et l'enseignement simultané.................. 1 fr. 50 c.

LES MÊMES, réduits en un volume pour les Élèves..... » fr. 15 c.

MANUEL pour l'enseignement particulier............. » fr. 20 c.

Mécanisme de l'Écriture expédiée, ou moyens abréviatifs d'apprendre à écrire et de corriger les écritures défectueuses.

Ouvrage adopté par l'Université.

MÉTHODE comprenant 20 modèles............... 1 fr. » c.

3 TRANSPARENTS pour copier les modèles............. » fr. 15 c.

POUR PARAITRE INCESSAMMENT.

Premières Notions du Commerce et de la Comptabilité, 1 vol. in-8°.

Les Changes et les Arbitrages, mis à la portée de tout le monde, 1 vol. in-8°.

Paris. — Typographie Morris et compagnie, rue Amelot, 64.

www.ingramcontent.com/pod-product-compliance
Lightning Source LLC
Chambersburg PA
CBHW060555210326
41519CB00014B/3480